상생하는
비판

상생하는 비판

생동하는 복합적 사고의 기술

초판 1쇄 발행 2025년 10월 18일

지은이 | 박의용·김정은·제민경·최홍원

펴낸이 | 김연우
펴낸곳 | (주)태학사
등 록 | 제406-2020-000008호
주 소 | 경기도 파주시 광인사길 217
전 화 | 031-955-7580
전 송 | 031-955-0910
전자우편 | thspub@daum.net
홈페이지 | www.thaehaksa.com

편 집 | 조윤형 여미숙 김태훈
마케팅 | 김민선
경영지원 | 김영지

값 11,000원

ISBN 979-11-6810-385-6 (04710)
      979-11-6810-387-0 (세트)

책임편집 | 조윤형
디자인 | 지소영

'개념' 있는 국어 생활 8

상생하는
비판

생동하는
복합적 사고의 기술

박의용·김정은·제민경·최홍원 지음

태학사

학회의 성장은 학문의 성장을 동반하게 마련입니다. 최초·최고·최대의 학술 단체인 한국어교육학회가 창립 70주년을 맞는 이 시점에서, 우리는 그 성장의 결실을 가시적으로 확인할 필요가 있다는 데 뜻을 같이했습니다. 이에 국어 교육 학계를 이끌어 갈 차세대 국어 교육학자들과 국어 교육의 현장을 선도하는 교사들을 중심으로 학문적 성과를 결산해 보기로 했습니다. 다만 빛나는 연구 성과를 정리하는 수준이 아니라 '그 성과가 교실에서 이용利用될 수 있도록 해야 한다', 그리고 '교실 안에만 머물러 있는 것이 아니라 교문 밖 모든 삶의 현장에서 언어 사용자인 시민들의 후생厚生에도 기여해야 마땅하다'고 생각했습니다.

그리하여 학회에서는 국어과 교육 과정사에서 가장 중요한 항존恒存 개념 20개를 선별했고, 젊은 연구자와 교사들에게

차례

Class 1. 왜 '비판'인가?

Class 2. 비판이란 무엇이며 왜 필요한가?

Class 3. 무엇을 어떻게 비판할 것인가?

Class 4. 비판을 잘하려면 무엇이 필요한가?

Class 1.

왜 '비판'인가?

66 나를
비판한다고?

　사람은 누구나 잘한다는 말을 듣고 싶어 한다. 어린이에게 "참 잘했어요."라는 말을 들려주면 어린이는 어깨가 우쭐해지는 것이 느껴질 정도로 기분 좋아 하고, 어른에게 칭찬을 하면 어른도 내색은 하지 않지만 좋아한다. "칭찬은 고래도 춤추게 한다."는 말처럼, 자신을 좋게 평가하는 말을 들으면 누구든 기분이 좋아진다. 하지만 칭찬이 아닌 잘못을 지적하는 말을 할 때는 상황이 달라진다.

　어떤 엄마와 네 살 아이의 흔한 대화 상황을 떠올려 보자. 엄마가 아이에게 "이거 하지 마." 또는 "이러면 안 돼."라고 말한다. 그 말을 들은 아이는 아주 서럽게 운다. 어떻게 엄마가 자신에게 그럴 수 있느냐면서 엄마를 때리(는 시늉을 하)기도 한다. 엄마는 아이에게 "네가 싫다는 것이 아니라 이것만 고치면 좋겠다는 거야."라고 위로해 주어도 아이의 분은 쉽게 풀리지 않는다. 심지어 어떤 경우에 엄마는 "그래, 엄마가 잘못했어. 네가 잘못한 거 아니야. 미안해."라고 달래기도 한다. 사랑받고 인정받고 싶은 아이에게 엄마의 지적은 늘 아프게 마련이다.

아이의 잘못을 그대로 수용하지 않고 지적하는 것도 비판이다. 그래도 어린이들은 어른의 지도를 받는 입장이라서 어른의 비판에 상대적으로 관대한 편이다. 사람은 나이가 들어 갈수록, 권위가 생길수록 비판에 취약해진다. 자신의 정곡을 찌르는 비판일 때는 더욱 그렇고, 자신의 사소한 것에 대한 비판이라 하더라도 견디기가 힘들어진다.

칭찬이 '긍정과 수용'에 주목한 것이라면, 비판은 '부정과 거리 두기'에 주목한 것이다. 칭찬은 우리에게 추가적인 변화를 요구하지 않는다. 그냥 하던 대로 하거나 하던 것을 더 열심히 하면 된다. 하지만 비판은 우리에게 변화를 요구한다. 이제까지의 결과물, 이제까지 해 오던 방식이나 행동을 바꿀 것을 요구하는데, 그러한 변화의 요구는 마치 자신을 부정해야 하는 것으로 느껴질 수 있다. '나를 비판한다고?'라는 생각이

들면 당사자는 상당히 움츠러든다. 비판은 비판받는 사람 입
장에서는 상당히 부담스러운 일이고, 비판하는 사람 입장에
서도 신경이 쓰이는 일이다.

정약용과
'까치 대감'의 처세

조선의 마지막 명군名君은 정조正祖였고, 정조의 가장 친한 신하는 정약용丁若鏞이었다. 잘 알려져 있다시피 정약용은 중앙과 지역에서 요직을 두루 거친 인물로, 수원성을 설계한 과학자이자 많은 글을 남긴 저술가이기도 했다. 정조는 정약용을 총애하여 저녁 시간에 정약용과 단둘이 국정을 상의할 때가 많았다. 반대파에서는 궁인을 시켜 대화를 엿듣게 할 정도였다.

하지만 정약용은 젊은 나이에 큰 시련을 맞는다. 1800년 정조가 사망했을 때 정약용의 나이가 만 38세였다. 다음 해에 유배를 떠나 처음에는 포항, 다음으로는 강진에 보내졌다. 이렇게 무려 18년이나 풀려나지 못하고, 관직으로의 길은 완전히 끊겼다. 인생의 절정기에 왜 그런 일이 벌어졌을까?

여러 가지 이유가 있겠지만, 결정적인 것 중 하나는 암행어사 때 정약용이 직무를 '너무 열심히' 수행했기 때문이었다. 정약용은 경기도 관찰사 서○○의 비행을 왕에게 보고하여 그를 파직시킨 적이 있다.[1] 정조가 죽은 후 서○○는 승진을 거듭하여 영의정이 되었는데, 그는 과거에 정약용이 자신에게 한 비판을 잊지 않았다. 정약용의 유배를 풀어 줄 것에 관한 논의가 있을 때마다 그는 매번 극렬하게 반대했다. 힘 있는 사람을 비판했을 때 무슨 일이 일어나는지를 보여 주는 경우이다.

그래서 출세하려는 사람들은 다른 사람의 미움을 받지 않으려고 한다. 조선 시대의 당쟁이 서로 치고받고 다투는 것으로 인식되기 쉬우나, 실제로는 앞에서 허허 웃고 뒤에서 모의하는 경우가 많았다. 그래서 당시에 처세에 밝은 사람들은 듣기 좋은 말은 나서서 하고 비판적인 말은 본인이 하지 않고 남에게 떠넘겼다고 한다.

비판의 위험성은 권력의 정점에서 더욱 분명해진다. 신하가 임금에게 불편한 이야기를 하려면 죽을 각오를 해야 했다. 종종 유배도 가야 했다. 임금에게도 비판이 부담스럽기는

과정(이성)을 거쳐 대상을 알고자(인식하고자) 한다고 보았다. 이 과정에서 변형이 불가피하므로, 인간은 대상 그 자체를 알 수 없다고 했다. 칸트는 인간 인식의 불완전성을 강조한 것이다.

반면 헤겔은 인간이 대상을 완전히 이해할 수 있다고 보았다. 인간이 인식하는 대상의 부분(현상)들을 종합한다면 전체(실재)를 인식할 수 있다는 것이다. 코끼리의 다리를 만지고 코를 만지고 귀를 만지고 꼬리, 배 등을 만져 나가다 보면 코끼리 전체의 상(像)을 우리 머릿속에 왜곡 없이 구성할 수 있으며, 시간의 흐름 속에서 완벽한 **실재** 이해에 도달한다고 보았다.[2]

어느 쪽의 입장에서이든 언어는 실재 이해에 필수 불가결한 수단이다. 특히 헤겔의 낙관론에 따르면, 불완전하지만 다양한 각도의 언어적 접근을 통해 우리는 대상의 진면목을 이해할 수 있게 된다.

사람과 사물의 좋은 면만 논한다면 우리는 **진면목**을 알 수 없다. 사람과 사물은 다양한 얼굴을 하고 있다. 우리 눈에 앞이 보인다고 해서 앞만 생각해서는 안 된다. 앞이 있으면 뒤가 있고, 앞뒤가 있으면 좌우가 있고, 앞뒤 좌우가 있으면 위아래가 있다. 이들을 다 종합해야 입체적인 전모가 파악된다. 다른 관점, 다른 측면에서 볼 때, 완전하지는 않더라도 완전에 가까운 실재에 대한 이해(앎)가 가능해진다.

어떤 분야나 대상에 대해 상당한 지식과 경험을 가진 사람을 전문가라고 한다. 전문가는 자신이 수립한 지식을 바탕으로 사물을 분별해 낸다. 일반인이 아무리 병아리의 뒤를 들추어도 암컷인지 수컷인지 알지 못하지만 병아리 감별사는 금세 알아낸다. 내가 갖고 있는 노란 것이 금인지 합금인지 다른 금속인지는 보석상에 가면 금방 알 수 있다. 전문가의 안목이 다른 이유이다. 전문가는 남들보다 '~인 것'과 '~ 아닌 것'을 쉽게 식별할 수 있다.

대상의 일면만 보지 않고 다양한 측면을 인식하고 종합하는 과정에서 지식에 도달한 사람이 전문가이다. 전문가는 사물을 분별하는 안목을 갖고 있다. 분별의 과정에서 앎이 나오고 앎에서 분별이 나온다. 사람이나 사물의 일면에 머무르지 않고 다른 각도, 다른 측면을 보는 분별 행위가 비판이고, 다양한 측면을 종합하여 앎에 이르는 과정에서 필수적인 행위가 비판인 것이다.

66　비판을
이해하기 위하여

부모의 지적에 서러워하는 어린아이나, 힘 있는 사람의 비리를 '영리'하게 눈감아 주지 못했던 정약용, 좋은 소식만 전해 주어 사람들의 기분을 좋게 만드는 '까치 대감'으로 이루어진 인간적 세계에서 '비판'은 좋은 대접을 받지 못하는 것 같다.

세계가 '권력의 세계'와 '진실의 세계' 둘로 이루어져 있다면, 앞에 예시한 세계들은 서로 다른 희망과 기대가 뒤엉킨 권력의 세계라고 할 수 있다. 한편 인간이 알고자 하는 실체적인 세계는 진실의 세계라고 할 수 있다. 여기서 비판은 오해와 오류를 제거해 나감으로써 진실에 도달하게 해 주는 중요한 기능을 한다. 반면 공감이나 칭찬이 진실을 이해하는 데 더 도움이 되는 것은 아니다.

권력의 세계와 진실의 세계는 서로 조화를 이루기도 하고 대립하기도 한다. 동서고금을 막론하고 대부분의 소수 권력은 무조건적인 복종을 요구하고, 대다수의 사람들은 무조건적인 사랑과 위로를 원한다. 설령 잘못된 결정이나 행동에 대해서라 할지라도 말이다. 진실의 세계는 흔히 '냉혹하다'라고 표현된다. 10년 동안 가수의 길을 간절히 꿈꾸어 온 지망생에게 "너무 못 부르시네요."라는 혹평은 가슴 아픈 말이 되고, 90퍼센트 대폭락을 한 달 앞둔 적자 회사에 대해 증권사 애널리스트가 내린 '매도' 의견은 주식 보유자들에게 고통을 안겨 준다. 비록 시청자나 관객들이 실력 있는 가수의 노래를 더 들을 수 있고, 신규 매수자들이 위험한 종목을 피할 수 있는 결과가 되더라도 말이다.

우리는 권력의 세계와 진실의 세계에 한 발씩을 걸치고 있다. 권력의 세계에서는 비판 대상이 누구냐에 따라 비판자가 해를 입을 때도 있다. 또한 잘못된 비판으로 상대방이 부당하게 상처를 입게 되는 때도 있다. 한편 진실과 진리의 세계에서 살고 있는 우리는 앎에 이르기 위해 비판을 잘 활용해야 한다. 그래서 학생들을 교육하는 상황에서 **'비판적 사고'**,

'비판적 태도'가 아주 많이 강조된다.

'비판'은 아주 잘 드는 칼처럼 위험하기도 하면서 강력하기도 한 행위이다. 잘 달리는 힘 좋은 말이라도 말에서 떨어지면 사람이 크게 다치듯이, 우리는 비판을 잘 길들여서 다스릴 필요가 있다.

이제까지 일상어 수준에서의 비판으로 말머리를 열어 보았다. 비판은 현대 사회에서 아주 애용되는 단어로, 의미도 다양하게 쓰이고 있어서 비판의 개념을 정리하는 일이 먼저 필요하다. 비판이 무엇인지 개념을 검토하면서 이야기를 이어 나가 보자.

Class 2.

비판이란 무엇이며 왜 필요한가?

66 비판의 여러 빛깔
– 비판이란 무엇일까?

다음은 어떤 개념에 대해 정의하고 설명한 내용들을 추린 것이다. 무엇을 설명하고 있는 것일까? 수수께끼를 풀어 보듯 다 함께 추론해 보자.

- 믿어야 할 것과 행동해야 할 것을 결정하는 데 초점을 둔 합당하고 반성적인 사고 – 에니스(R. Ennis)
- 문제를 풀고 결정을 하도록 도와주는 사고 – 스턴버그(R. Sternberg)
- 전문적인 분야에서 공유된 기술을 포함해서 추론 원칙이나

논리 기술 같은 효과적인 기술을 포함하는 사고 – 레즈닉(M. Resnick)

- 언어의 논리적인 관계를 이해하도록 도와주는 사고 – 아들러(M. Adler)
- 사고의 형식적인 면에 대한 집중 – 가버(E. Garver)
- 논쟁적인 전통 인문학 저서에 대한 토론 – 가버(E. Gaver), 아들러(M. Adler)
- 근거에 의해 적합하게 움직여진 사람들의 사고 – 시걸(H. Siegel)[1]

혹시 아직까지 답을 찾지 못했다면, 아래의 몇 가지 힌트에서 도움을 받자.

- 편견, 선입관, 고정 관념을 극복하는 데 목표를 두고 있는 사고 – 폴(R. Paul)
- 자기 기만이나 다른 사람에 의한 속임으로부터 우리를 보호하는 데 목표를 두고 있는 사고 – 폴(R. Paul)
- 반성적인 회의론 – 맥펙(J. Mcpeck)

- 진술에 대한 정확한 평가 – 에니스(R. Ennis)
- 자신의 생각을 잘 파악함으로써 잘 알고 있는 맥락에서 잘 알지 못하는 맥락으로 확장할 수 있는 것 – 아론(A. Arons)
- 생각과 행동의 통합을 지향하는 사고 – 마틴(J. Martin)
- 적절한 증거와 논증을 바탕으로 정직하게 평가된 대안을 통해 판단에 도달하려는 사고 – 해처(D. Hatcher)[2]

위의 설명들이 공통적으로 가리키는 것은 바로 '비판(혹은 비판적 사고)'이다. '비판'이라는 말이 얼마나 다양하면서도 폭넓게 사용되는지를 일깨우는 장면이다. 일상에서 비판이라는 말을 자주 사용하면서도 정작 비판이 무엇인지에 대해서는 명확하게 잘 모르기도 하고, 비판에 대한 생각과 입장이 상당히 다른 경우도 많다. 심지어 '비판'이라고 하면 비난, 혹평, 부정과 같은 공격적인 반응이나 부정적인 태도로 받아들이기도 한다. 반대되는 입장에서 잘못을 들추어내어 적대적으로 헐뜯는 것으로 오해하기까지 한다.

비판은 본래 어떤 문제에 대해 이모저모를 꼼꼼히 따져보는 것을 가리킨다.[3] 흔히 '비판적 사고'로 개념화되기도 하는데, "어떤 사태에 처했을 때 감정 또는 편견에 사로잡히거나 권위에 맹종하지 않고 합리적이고 논리적으로 분석, 평가, 분류하는 사고"[4]와 같이, 어떤 주장이나 문제에 대해 깊이 있게 이해하고 제대로 파악하는 능동적인 활동을 나타낸다. 그런 만큼 잘못된 점을 지적하는 것도 필요하지만, 피상적인 관찰과 수용에 그치지 않고 이것저것을 다 따져 보는 분석, 추론, 종합, 대안적 사고 모두를 종합하는 활동이라 할 수 있다.[5] **비판적 사고**를 "어떤 주장이나 신념, 문제와 같은 사실이나 의견에 대해 근거와 준거를 들어 반론, 해석, 추론, 논증, 평가하는 사고"[6]로 정의하는 것도 마찬가지이다. 비판은 본질적으로 다양한 인지 활동과 연동되어 작동하는 사고인 것이다.

본래 비판은 '선택하다, 분간하다, 결정하다, 논박하다, 평가하다' 등의 뜻을 가진 그리스어 '크리노 krino'에서 유래한 말로, 무엇을 '식별, 선택, 분간, 논박, 평가'와 같은 여러 의미를 복합적으로 지니고 있다.[7] 그러다 보니 여러 유사 용어와 비판의 의미가 서로 겹치기도 하고, 유기적으로 연결되어 있기도 하다. 비판과 유사하게 사용되는 여러 말들은 때로는 좋은 비판이 되기 위해 충족시켜야 할 조건에 해당하기도 하고, 비판이 성립하기 위한 전제가 되기도 한다. 이런 이유로 비판이 무엇인지를 알기 위해서는 비판과 친연 관계에 놓여 있는 여러 말들과 함께 견주어 살피는 것이 필요하다. 여기서는 비

의 교육이 사고력 교육의 전부라고 생각하는 사람들이
많다. (중략) 형식 논리를 안다고 하는 것은 사고력 교육
을 집에 비유한다면 대문에 들어선 정도이다.[11]

진리의 함수값은 명제의 내적인 차원에서만 결정되지 않
는다. 논리와 더불어 필요한 것은 외적 맥락이며, 따라서 이
둘을 동시에 포함하는 비판의 방법과 태도가 요구된다. 이때
의 맥락에는 문제를 둘러싼 여러 차원의 것이 모두 포함됨은
물론이다.

특히 비판은 특정 상황과 현실 맥락 속에서의 판단을 요
청한다는 점에 유의해야 한다. 비판의 대상과 과제는 대체
로 가상과 추상의 차원이 아니라, 일상의 삶에서 겪는 구체적
인 문제로 여러 가치와 맥락을 포함하고 있다. 사실의 문제부
터 당위와 가치의 국면에 이르기까지 다양한 성격을 갖는 만
큼, 논쟁이 끊임없이 제기되고 또한 끝없이 지속되기도 한다.
그러다 보니 논리적 분석에만 초점을 맞추다 보면 자칫 현실
에서 강조되는 맥락과 가치 판단의 측면을 놓칠 우려가 있다.
논리적인 타당성 못지않게 중요한 것은, 자신이 속한 사회·
문화적 맥락 속에서 '일리 있음reasonable'을 근거로 한 판단 행
위일 수 있다. 대상에 대한 정확한 판단보다 맥락 속에서 관

계 맺는 대상을 합리적으로 판단하는 게 필요하다.[12]

　이러한 이유로, 맥펙J. McPeck은 사람들이 '논리'를 효과적인 생각과 동의어인 것으로 잘못 생각하고 있다고 비판하기도 했다. 형식 논리에서는 관련된 정보가 처음부터 모두 제공되는 데 반해 대부분의 실제 문제는 그러하지 못할 뿐만 아니라, 새로운 생각을 도입하거나 대안을 제시하는 데에도 분명한 한계가 있다는 점을 덧붙이고 있다. 논리는 비판적 사고의 필요조건이지만 충분조건은 되지 못하는 것이다.[13] 텍스트에 대한 비판적 사고를 '소극적 의미의 비판적 사고critical thinking in the weaken sense'로, 인식 주체와 사회 문화적 맥락에 대한 비판적 사고를 '적극적 의미의 비판적 사고critical thinking in the strong sense'로 구분하는 것도 형식 논리의 한계와 맥락의 중요성을 강조하는 데서 비롯된다.[14]

　앞서 우리가 「심청전」과 같은 문학 작품을 대상으로 심청과 효에 대해 비판하는 일이 가능했던 까닭도, 비판이 본질적으로 내적 논리뿐만 아니라 현실의 맥락과 가치 속에서 판단하고 평가하는 활동이기 때문이다. 특히 문학은 인간의 경험을 근거로 하여 가치의 기준에 비추어 이를 비판적으로 바라보게 만드는 활동[15]이라는 점에서, 비판의 인기 있는 재료가 되어 왔다. 문학은 본래 있어야 할 것과 있는 것의 대립과 갈등을 통해 인간과 세계의 본질적인 문제를 다루고 있는 만큼, 우리로 하여금 작가의 문제의식과 태도는 물론, 그 문제가 제기되는 맥락과 대안에 대해 따져 보고 판단하게 만든다. 이렇게 본다면, 비판이야말로 작품을 제대로 감상하는 하나의 방법이라 할 수 있다.

그렇다면, 작품을 해석하고 평가하는 비평은 비판과 어떠한 관계인지에 대해 이어서 알아보기로 하자.

66 비판과 비평
– 사관의 인물 평가,
비판일까 비평일까?

비판은 대상에 대한 주체의 판단을 강조하는 데 반해, **비평★**은 예술, 문학에서의 평가를 내포하는 것으로, 이 둘을 구별하기도 한다. 실제로 우리는 비평을 예술 작품의 가치를 평가하는 장면에서 쉽게 만난다. 그럼 비평은 예술 작품이나 작가에 대한 심미적 감식으로서의 의미와 기능에 국한되는 것일까? 미디어 비평, 인물 비평, 사회 비평, 정치 비평과 같이,

★ 비평(批評, criticism)
비평은 예술, 문학 작품이나 현상을 분석하고 해석하며 평가하는 행위 전반을 의미한다. 주관적인 감상에서 벗어나 객관적 근거와 이론적 토대를 바탕으로 대상의 의미를 규명하고 가치를 평가한다. 이러한 비평을 통해 작품의 미학적 특질과 가치가 발견되고, 새로운 이해와 해석이 가능해진다.

비평 또한 예술이나 문학에 국한되지 않고 사회 전 분야에 걸쳐 널리 사용되고 있다.

그러면 비판과 비평은 어떻게 구별될까? 아래 기록은 비판일까, 비평일까?

> "백성의 민생고 해결이 급선무라고 대신들이 아뢰어도 머뭇거리는 것은 왕의 자세가 아니다."
>
> "임금의 덕이 옛사람에 미치지 못한다."

조선 시대 사관史官 정태제鄭泰齊가 남긴 사초史草의 일부이다. 그의 묘를 이장移葬하면서 그가 쓴 5개월간의 사초가 발견되었는데, 여기에는 당시 임금이었던 인조仁祖의 일거수일투족은 물론, 조정에서 벌어진 일들이 날짜별로 기록되어 있다. 흥미로운 것은 단순히 사실을 기록할 뿐만 아니라, '사신왈史臣 曰(사신이 말하기를…)', '사관왈史官曰(사관이 말하기를…)', '근안謹按(삼가 생각하건대…)' 등의 말로 시작되는 대목에 해당 사건과 인물에 대한 사관의 판단 또는 비평을 덧붙이고 있다는 점이다. 예컨대 백성의 어려움을 해결하지 못하고 있는 국정을 신랄하게 꾸짖기도 하고, 임금의 덕이 옛사람에 미치지 못한다며 날카로운 평가도 거침없이 남기고 있다.

비판과 비평은 상당 부분 의미가 겹친다. 실제로 '비판적 critical'이라는 용어는 '비평criticism', '기준criteria'과 동일한 어원을 지니고 있다. 이들은 '재판, 심판, 또는 감정가, 심사원'의 뜻을 지니는 라틴어 '크리티쿠스criticus, 크리티코스criticos', 그리고 '분할하다, 분할하다, 또는 결정하다, 식별하다, 권위 있는 의견을 말하다'의 의미를 갖는 그리스어 '크리네인krinein'에서 유래한 것으로 알려져 있다.[16] 이러한 어원에서 보듯, 비판과 비평은 대상을 구성하고 있는 요소들로 '나누고', 특정 요소와 전체의 '관련을 밝혀서', 그 대상을 '평가하는' 의미를 공통적으로 갖고 있다. 즉 대상을 바르게 식별하고 판단하고 평가하는 일체의 행위를 뜻하는 말로 두루 사용되어 왔다.[17]

'비판'과 '비평'이 우리말로 번역되는 과정 또한 크게 다르지 않다. 역사적으로 'critical'이라는 말이 처음 우리나라에 들어와 번역된 19세기 말에서 20세기 초 무렵만 하더라도, 비판과 비평은 크게 구별되지 않고 통용되었다. 한 예로 최초의 한영, 영한 사전으로 알려진 언더우드H. Underwood의 『한영ᄌ뎐』(1890)에서는 'critic', 'criticise'의 번역어로 각각 '평론ᄒᄂ이', '평론ᄒ오'를 제시하고 있다.[18] 미국인 선교사 존스G. Jones가 편찬한 『영한자전』(1914)에서도 'critic'을 '비편가', '감뎡쟈'로, 'criticism'을 '비평批評'과 '논박論駁'으로 번역하고 있다.

언론인 김동성金東成이 편찬한 『최신조영사전最新鮮英辭典』(1928) 을 보더라도 '비판'과 '비평'을 표제어로 나란히 수록하면서 '비판'의 뜻으로 '비평홀 판단'을 제시할 만큼, 비판과 비평은 서로 명확히 구별되지 않은 채 두루 사용되었다.

실제로 '독서', '해석'과 구별되는 비평의 특징에 대해 "읽어 나갈 때 우리는 텍스트 내부에서 텍스트를text within text 생산하며, 해석할 때는 텍스트 위에서 텍스트를text upon text 만들며, 비평할 때는 텍스트에 대항하여 텍스트를text against text 생산"[19]하는 것으로 설명하기도 한다. '텍스트에 대항한다'는 말이 다양한 함의를 지니고 있으나, 적어도 '기존의 관념과 인식에 대한 저항'[20]이라는 점에서 비판과 만나는 접점을 확인할 수 있다.

그런데 비평에서 '평評'의 경우, '언言'과 '평平'이 합쳐져 '중량이나 등급을 보고해서 말하다'라는 뜻을 담고 있어 중량이나 등급에 대한 최종적인 판단의 의미를 내포한다는 점을 눈여겨볼 필요가 있다.[21] 대상의 가치, 즉 옳고 그른 것, 좋고 나쁜 것을 가리어 판단하는 행위에 초점이 맞춰져 있는 것이다. 이처럼 비평에서는 인물과 대상에 대해 부정적인 특성뿐만 아니라 긍정적인 측면까지 모두 포괄하는 '가치 평가'의 측면이 강조된다. 작품에 가치를 부여하기 위해 비평가는 주관적·객관적·인상적 가치 기준을 정하고, 이를 바탕으로 작품의 특성에 접근한다. 대상에 대한 가치 평가를 전제로 하는 판단 행위라는 점에서, 비판과는 차이가 있다.

❝❞ 비판과 창의

― 코페르니쿠스의 지동설,
비판이 또 다른 비판을 낳아
새로움을 가져온다고?

2022 개정 국어과 교육 과정에서는 '비판적이고 창의적인 사고와 활동'과 같이 비판과 **창의★**를 결합한 형태로 제시하고 있다.[22] 그러나 비판과 창의가 구현되는 장면에서는 "다양한 유형의 담화, 글, 국어 자료, 작품, 복합 매체 자료를 비판적으로 이해하고 자신의 생각을 창의적으로 표현한다."와 같이 여전히 비판을 이해하는 것으로, 창의를 생산하는 것으로 구별 짓고 있다. 비판이 주로 텍스트 이해 과정에서의 **수렴적 사고**convergent thinking로 받아들여지는 데 반해, 창의는 생산·창작·표현 차원에서 실현되는 **발산적 사고**divergent thinking로 유형화되는 것도 마찬가지이다.

이처럼 '비판적 이해'와 '창의적 생산'으로 대표되는 전통적인 언어 교육의 목표는 비판과 창의의 분리를 전제로 하고 있어 이들 사이의 접점을 떠올리기가 쉽지 않다. 실제로 비판이 주어진 내용에 대한 판단과 평가의 영역이라면, 창의는 내용을 새롭게 발견하고 만들어 내는 영역이라는 점에서도 그러하다. 창의가 새롭고 평범하지 않으며 놀랄 만한 독창적 산출물을 만들어 내는 것을 목표로 한다면, 이해와 수렴의 성격을 지닌 비판과의 공통점을 기대하기 어려운 것도 사실이다.

그러나 비판과 창의는 생각보다 훨씬 더 긴밀하게 연결되어 있다. **비판-창의적**critico-creative **사고**[23]와 같은 용어로 비판과 창의가 묶일 만큼, 서로 영향을 미치는 이웃 관계인 셈이다. 코페르니쿠스의 지동설은 비판과 창의가 얼마나 유기적으로 연결되는지를 보여 주는 좋은 역사적 사건이 된다.

르네상스 이전까지 인류는 지구가 우주의 중심에 위치하고 태양을 비롯한 여러 행성들이 지구 주변을 공전한다고 믿어 왔다. 일찍이 아리스토텔레스를 비롯한 여러 학자들에 의해 주창된 천동설은 당시 교회의 지지 속에서 절대적인 진리로 받아들여졌다. 그러나 코페르니쿠스는 이전의 견해를 비판하면서 태양이 우주의 중심에 위치하고 그 주변을 지구와 달, 다른 행성들이 공전한다는 획기적인 주장을 펼쳤다. 기존의 지식과 이론의 한계를 비판하는 가운데, 새로운 이론과 지식, 즉 지동설을 만들게 된 것이다.

코페르니쿠스는 태양이 중심에 있고 행성들이 그 주위를 공전한다는 것을 주장하는 데 그쳤지만, 이후 갈릴레이, 케플러, 뉴턴 등에 의해 수정되면서 그의 이론은 더욱 정교해지고 발전된다.

문제는 이 과정에서 코페르니쿠스의 견해 또한 비판의 대상이 되었다는 점이다. 그의 주장과 달리, 태양은 우주의 중심에 있지 않고 모든 행성들이 완벽한 원의 궤도를 그리지도 않으며, 우주에는 중심 자체가 아예 없었다. 이처럼 코페르니쿠스의 지동설은 천동설을 비판하면서 새롭게 만들어질 수 있었지만, 그 또한 비판의 대상이 되면서 새로운 여러 견해를 이끌어 내는 토대가 되었다.

이러한 이유로 코페르니쿠스의 주장은 '코페르니쿠스 혁명Copernicus revolution'으로 불리며, 인류 역사상 가장 혁명적인

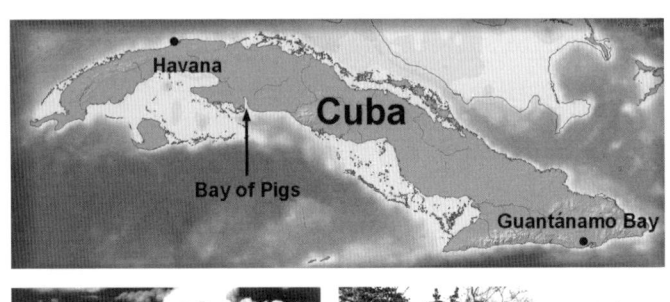

쿠바 피그만의 위치[31](위), 1961년 4월 피그만 침공 기간에 미국의 항공모함(USS Essex)에서 전투 지역 상공으로 출격한 스카이호크스 전투기[32](아래 왼쪽), 쿠바군에 잡힌 미국 2506여단의 포로들[33](아래 오른쪽)

게 끝난 작전이자, 미국 정부에 의해 저질러진 가장 우스꽝스러운 실패로 기록된 사건이다.

피그만 침공에 관여했던 자문 위원들은 당시 미국의 최고 지성을 갖춘 학자와 전문가들이었다고 한다. 어떻게 이런 일이 발생했을까? 그 해답은 바로 비판의 부재에 있다.

1972년 미국의 심리학자 재니스[I. Janis]는 피그만 침공이 실패한 이유를 분석하면서, **집단적 사고**groupthink의 문제와 위험성을 밝혀 냈다. 결속력 높은 소규모 집단에서는 이의 제기를 억제하고 가급적 쉽게 합의에 도달하려는 경향성이 나타나는데, 이 과정에서 합리적인 이견이나 대안 분석은 무시되고 결과에 대한 맹목적인 합리화로 귀결되는 현상을 가리켜 '집단적 사고'라 한다. 이러한 집단적 사고는 우리 주변에서 자주 목격된다. 오랜 기간 같은 장소에 모여 동일한 주제를 두고서 장시간 이야기하다 보면, 그만 어느 순간에 생각과 의견이 하나로 모아졌던 경험들을 쉽게 떠올릴 수 있다. "말도 안 되는 작전을 당장 그만두라고 경고하고 싶었지만, 회의 분위기에 눌려 감히 입을 열지 못했다."[34]는 당시 백악관 특보의 증언은 집단적 사고와 그에 따른 비판의 부재가 얼마나 위험하고 심각한지를 일깨워 준다.

이처럼 구성원의 응집성이 강한 집단 내에서는 의사 결정 과정에서 개인의 목표나 열정, 생각, 노력, 가치가 제대로 반영되지 못하고 획일적인 방향성만을 갖게 되는 일이 종종 발생한다. 이를 막기 위해서 필요한 것이 바로 비판이다. 비판은 단순히 다른 이의 생각과 가치를 판단하고 평가하는 일을 넘어서, 우리 자신에게 믿어야 할 것과 해야 할 것을 결정하도록 도와주는 일이라 할 수 있다. 우리의 믿음과 행동을 결

챌린저호의 발사 장면[35](왼쪽)과 73초 후 폭발 장면[36](오른쪽)

정하는 중요한 과정이자 조건인 셈이다.

　이번에는 비판의 거부가 초래한 또 다른 비극적 사건을 들여다보자. 1986년 1월 28일에 일어난 미국 우주 왕복선 챌린저호Challenger 폭발 사건이 대표적이다. 발사 후 73초 만에 폭발하여 탑승자 일곱 명 전원이 사망한 비극적 사건인데, 놀랍게도 그 원인은 로켓 부스터의 작은 오링Oring 결함 때문이었다. 그런데 이 사건은 충분히 막을 수 있었다. 발사 전 기술 전문가 몇 사람이 폭발의 위험성을 감지하고 발사 지연을 요청했지만, 행정부와 의회의 예산 압박 때문에 제대로 받아들여지지 않았던 것이다. 사고가 발생한 이후에야 책임자는 "내가 그들의 말에 귀 기울였어야 했다."며 탄식을 쏟아 냈다. 비판을 제대로 수용하지 못해서 벌어진 참혹한 결과였다.

피그만 침공 사건, 챌린저호 폭발 사건은 모두 비판이 우리 삶에서 얼마나 중요한지를 일깨우는 반면교사이다. 비판이 제대로 수행되지 못하고 또 받아들여지지 않는 일은 우리 역사에서 수없이 반복되어 왔고, 지금 이 순간에도 계속 벌어지고 있다.

"모두가 아니라고 할 때, 예!라고 할 수 있는 용기"

과거 모 증권사의 광고 카피이다. 만장일치의 유혹에 빠지지 않고 자신의 소신을 말할 수 있는 용기는 진정한 의미의 비판이 이루어질 때 빛을 발한다. 관습과 타성에 함몰되지 않고 이것저것을 모두 따져서 합리적으로 판단하는 비판이야말로 나와 우리 사회를 건강하게 만드는 바탕이 된다.

만약 독단과 아집에서 벗어나 비판이 제대로 이루어지고 받아들여졌다면, 그래서 믿어야 할 것과 해야 할 것을 제대로 판단하고 결정할 수 있었다면, 피그만 침공이나 챌린저호 발사의 결과는 달라지지 않았을까? 무언가를 결정하고 판단할 때 비판의 과정을 거쳐야 하는 이유가 바로 여기에 있다.

Class 3.

무엇을 어떻게
비판할 것인가?

우리는 왜 '말 한마디'에 민감하게 반응하는 걸까?

'비판'은 문법 교육 내용으로서는 꽤 낯선 개념으로 여겨질 수 있지만, 우리는 말이나 글, 그리고 미디어에 이르기까지 언어로 표현된 모든 결과물에 대해 '적절한 표현인가?'를 점검하곤 한다. '말 한마디', '단어 하나'에 누군가가 상처를 받거나 다툼이 일어나는 것도 그러한 맥락의 연장선상에 있다. 문법 교육적 관점에서 '비판'은 이렇게 '표현의 적절성과 타당성' 등을 따져 보는 데서 시작되며, 이를 타인의 언어와 자신의 언어에 모두 적용할 수 있다는 점에서 **언어 감수성***과도 깊은 관계를 맺는다.

우리가 일상생활에서 무심결에 쓰는 표현 가운데 누군가

언어 감수성은 타인과 자신의 언어 사용이 적절하고 타당한지, 의사소통 참여자를 고려하고 있는지 스스로 인식하는 습관에서 비롯된다. 즉 인간이 타인과 관계를 맺으며 살아가는 사회에서 원활한 의사소통을 할 수 있도록 하는 인식 체계가 바로 언어 감수성이라 할 수 있다. 국어 교육에서는 이를 비판적 국어 인식, 국어 순화, 차별적 표현, 언어 예절 등으로 구체화하여 교육 내용으로 다루어 오고 있다.

국어 교육에서 '국어 인식'은 주로 국어 또는 고유어에 대한 사랑, 국어와 국어 문화를 계승하고자 하는 태도와 관련하여 많은 논의가 이루어져 왔다. 오늘날에는 국어 문화 및 문학뿐만 아니라 한국어의 구조, 전반적인 국어 현상에 관한 모어 화자의 인식을 폭넓게 가리키는 말로 사용되며, '국어 의식'이라고 표현되기도 한다.

를 비하하거나 차별하는 표현이 없는지 살피는 능력을 '언어 감수성'이라고 한다. 국어과 교육 과정에서는 상당히 지속적으로 자신의 언어생활을 '점검 및 조정'하는 메타적 인식의 필요에 대해 강조해 오고 있으니, '언어 감수성'을 갖추어야 한다는 선언은 기실 오래전부터 존재해 왔던 구호일지도 모른다.

문법 교육에서 언어 감수성에 관한 교육은 기실 본격적으로 다뤄지지는 않은 듯하다. 다만 국어과 교육 과정에서 **국어 인식**★ 교육 내용으로 다루는 '외래어의 남용 문제'나 '유행어, 비속어, 사회 방언' 등과 관련 있는 국어 현상들은 간접적으로나마 우리 언어생활을 돌아보게 하는 지점들이다. 그리고 이러한 내용들을 배우는 것은 언어 감수성과 깊은 관계가 있는, 여전히 유효한 교육적 경험이다. 다음은 2015 개정 국어과 교육 과정을 반영한 한 교과서의 학습 활동 사례이다.

 모둠별로 다음 자료를 바탕으로 어휘의 변화를 탐구해 보자.

> 사회가 변화함에 따라 말이 새롭게 생겨나는데 이를 신어(新語)라고 한다. 신어가 생기는 대표적인 원인은 다음과 같이 생각해 볼 수 있다.
>
> **새로운 대상이나 개념의 등장**   **기존 언어의 의식적인 순화**
>
>    
>
> 스마트폰   인터체인지(interchange) → 나들목
>
> 모든 신어가 살아남아 국어에 자리 잡는 것은 아니다. 하지만 분명한 것은 언중에게 자주, 널리, 오래 사용되는 신어가 살아남는다는 것이다.
> 신어가 등장하면 같은 뜻을 가진 기존의 단어와 경쟁을 하게 되고, 그 결과 경쟁에서 진 단어는 소멸하기도 한다. 국어의 역사를 살펴보면 한자어가 유입되면서 같은 의미를 지닌 고유어와 경쟁을 하였고, 그 결과 많은 고유어가 국어에서 사라지는 결과가 나타났다. 최근에는 서구에서 유입되는 외래어가 기존의 국어에서 사용되던 고유어나 한자어와 경쟁하고 있으며, 그 결과 국어에서 고유어나 한자어가 사용되는 비중이 줄어들 것으로 예상된다.

(1) 최근에 일상생활에서 많이 사용하는 신어에는 어떤 것들이 있는지 떠올려 보고, 그 말이 만들어진 과정을 조사해 보자.

———
2015 개정 고등학교 국어 교과서(신사고) 학습 활동[1]

위 학습 활동은 신어의 형성 과정을 탐색하는 활동으로

구성되어 있는데, 학습 활동에서 제시한 자료를 살펴보면 신어들 중 외래어의 비중이 높아지는 현상을 문제적으로 보고 있다는 것을 알 수 있다. 신어가 생성되는 것은 자연스러운 현상이지만, 이 가운데 의식적으로 표현을 순화하는 작업이 필요하다고 강조하는 이유는 결국 언어가 인간의 사고에 깊은 영향을 끼친다는 것을 알고 있기 때문이다.

이렇듯 2015 개정 교육 과정에서 언어 감수성이 국어 순화의 차원에서만 다루어지고 있었다면, 2022 개정 교육 과정에 들어서는 언어 감수성을 좀 더 폭넓게 다뤄 보고자 하는 의도가 보인다. 다음을 살펴보자.

〈2022 개정 국어과 교육 과정 – 화법과 언어〉[2]

[고등학교 2~3학년 〈화법과 언어〉 과목 제7 성취 기준] 다양한 유형의 담화와 매체를 대상으로 언어의 공공성[3]을 이해하고 평가한다.

이 성취 기준은 현대 사회의 급변하는 언어 환경에서 공적 담화와 매체를 대상으로 언어의 공공성을 이해하고 평가할 수 있는 능력을 기르기 위해 설정하였다. 다양한 매체가 발달한 오늘날의 의사소통 상황에서는 개인이 생산한 담화가 음성 언어, 문자

다듬은 말

다듬을 말	유모차
다듬은 말	유아차, 아기차
원어	乳母車
의미/용례	
참고 사항(이력 등)	서울시, 제2회 국어바르게쓰기위원회 선정 행정용어 순화어(2018. 6. 22.)

국립국어원 누리집 '다듬은 말' 게시판 중 '유아차' 관련 내용[6]

　　얼마 전 몇몇 방송 프로그램에서 '유모차'를 '유아차'로 다듬어 표기한 일로 뜨거운(?) 논쟁이 일었다. 방송 출연자들이 모두 '유모차'라고 말했음에도 불구하고 자막은 '유아차'로 바뀌어 방송되었는데, 이에 대해 언어 감수성을 과도하게 적용하여 언중들이 많이 사용하지 않는 단어를 의도적으로 사용하도록 강요했다는 몇몇 누리꾼들의 항의가 있었던 것이다.

　　'유아차'는 2018년 서울시와 서울시 여성가족재단이 진행한 '성평등 언어사전 시민 참여 캠페인'에서 만들어진 표현이다. 〈서울시 성평등 언어사전〉은 어린아이를 태워 밀고 다니는 수레를 뜻하는 '유모차乳母車'에 '어미 모母'만 포함돼 여성에게 육아 책임이 있다는 의미가 내포돼 있다고 밝혔다. 이에 '유모차'를 '유아차'로 바꿔야 한다는 논의가 있었고 서울시 인권위원회, 국립국어원 또한 '유아차' 사용을 권고했다. 기실 '유아차'는 2018년에 처음 만들어진 단어가 아니라, 1900년대부터 '유모차'의 동의어로 사전에 등재되어 있었으나 언중에 의해 '유모차'만 선택되어 '유아차'라는 말은 쓰지 않게 된 것으로 보인다.

해당 표현에 대해 논쟁이 일었던 바탕에는 '유모차'가 '차별적 표현이 아니다'라는 인식이 공고히 존재한다고 볼 수 있다. 그러다 보니, 차별적 표현에 해당하지 않는 '유모차'를 '유아차'로 수정할 것을 권장하는 것에, 역으로 모종의 이념이 개입되었을 것으로 판단한 셈이다. 이렇게 차별적 표현을 인식하는 정도에서도 사람들마다 차이를 보이는 이유는 무엇일까?

다음에 제시하는 자료[7, 8]는 성차별적 표현에 대한 연령대별 인식 양상을 조사한 한 연구의 결과이다. 여기서는 교과서에서 성차별적 표현이라 할 수 있는 단어 및 구를 수집하여, 연령대별로 그 인식을 조사한 후 분석을 실시했다.

먼저 여기서는 성차별적 표현의 언어적 범주와 의미를 다음과 같이 구분하고 있다. 이 표에 제시된 표현에 대한 인식을 분석한 결과, 일반적으로 여성이 남성에 비해 차별성 인

언어적 범주 차별 의미	대상의 명명	대상의 수식	대상의 배열 순서
남성 중심	개그맨, 시동생, 외삼촌		남매, 부모, 아들딸
여성 중심			모부자가정, 편모편부
남성성의 강조 (긍정/부정)	대장부, 쾌남 / 늑대, 마초, 마마보이, 약골남	늠름하다, 용감하다, 힘 좋다, 남자 같다, 당차다, 맹렬하다 / 속 좁다, 졸렬하다, 쩨쩨하다	
여성성의 강조 (긍정/부정)	글래머, 미녀, 요조숙녀 / 암캐, 여우(여시)	가냘프다, 연약하다, 섹시하다 / 수다스럽다, 억척, 조신하지 못하다, 독하다, 드세다, 표독스럽다	
남성의 비하	기생오라비, 아저씨, 홀아비		
여성의 비하	계집애, 미망인, 미혼모, 부엌데기, 아줌마, 된장녀	꼬리치다	
남성의 상대적 높임	가장, 시댁		
여성의 상대적 낮춤	도련님, 사모님식 투자, 처가, 친정		
성 역할의 강조	○○엄마, 맏며느리감, 아내, 안방지기, 안식구, 여○○, 여류 ○○, 효부, 남자 ○○		

언어적 범주와 차별 의미에 따른 사례 범주화[9]

식의 정도가 높은 것으로 나타났다. 그렇지만 '여편네'와 같은 어휘들은 여성뿐만 아니라 남성에게도 차별성이 높게 인식되는 것으로 분석되었는데, 이 점은 현시대에서 여성의 정체성에 대한 인식의 변화가 이루어지고 있음을 방증한다. 나아가 '여편네'류의 어휘들은 차별성 인식의 정도가 강하고 즉각적이라는 것도 알 수 있다.

더하여 연령대별로 차별성 인식의 정도에서 차이를 보이는 어휘들이 있어서 주목할 만하다. 예컨대 '스포츠맨'에 대한 차별성 인식의 정도는 50대에 비해 10대에서 상대적으로 높게 나타났는데, 이에 대해서는 50대 이상 남성에게 '스포츠맨'은 관습화된 표현으로서 차별성이 잘 인식되지 못하지만, 여성, 그중에서도 10대 여성에게는 'man-woman'의 관계에서 비롯되는 남성 중심의 '스포츠맨'이라는 표현이 꽤 거북하게 느껴지고 있음을 알 수 있었다.

한편 성차별적 표현에 대한 차별성 인식에 있어 '사용 빈도'나 '노출 빈도'에 따라 연령대별로 인식의 정도가 달리 나타나는 어휘들도 존재했다. '부엌데기'나 '영계'는 차별 대상에 대한 비하의 정도가 다른 항목에 비해 낮지 않음에도 불구하고 유독 10대와 20대 집단의 차별성 인식이 다른 연령대보다 낮게 나타났다. 이에 대해 연구진은 10대나 20대의 경우

이러한 표현에 노출된 경험 자체가 많지 않기 때문인 것으로 분석하고 있었다. 이미 해당 어휘의 사전적 의미에 비하의 의미가 명시적으로 기술되어 있어서, 젊은 세대에서는 이러한 표현 자체를 기피하고 있고, 이에 따라 그 차별성도 낮게 인식될 가능성이 있는 것이다. 특히 10대의 경우에는 이들 표현의 뜻 자체를 모르는 경우도 있다는 점에서 더욱 그러하다.

노출 빈도의 차이, 연령대와 성별에 따른 성차별 인식 정도의 차이로 인해 어떤 이에게는 어떤 표현이 성차별적 표현이 되기도 하고 그렇지 않기도 한 것이다. 결국 우리가 표현의 적절성이나 타당성을 따져 보아야 할 대상은 언어 표현 그 자체뿐만 아니라 여러 차별적 표현에 내재한 사회 구성원의 인식이다. 결국 갈등의 시대에서 '언어 감수성'을 고양하는 것은 '바람직한 의사소통 문화', '갈등의 조정'과 관련하여 중요하게 다뤄져야 할 교육 내용[10]이자 목표가 되어야 할 것이다.

의도하지 않더라도 차별적 표현을 사용하게 되는 상황들이 생기기도 한다. 앞서 이야기한 것처럼 차별적 표현은 그 정도가 명료하게 인식되는 경우도 있지만, 그렇지 않은 경우도 많기 때문이다. '지랄병'은 우리에게 상당히 익숙한 비속어이다. 현재는 난순 비속어로 사용되지만, 이는 과거에 뇌전증을 가리키는 순우리말이었다. 뇌전증의 옛 이름인 '간질'에서

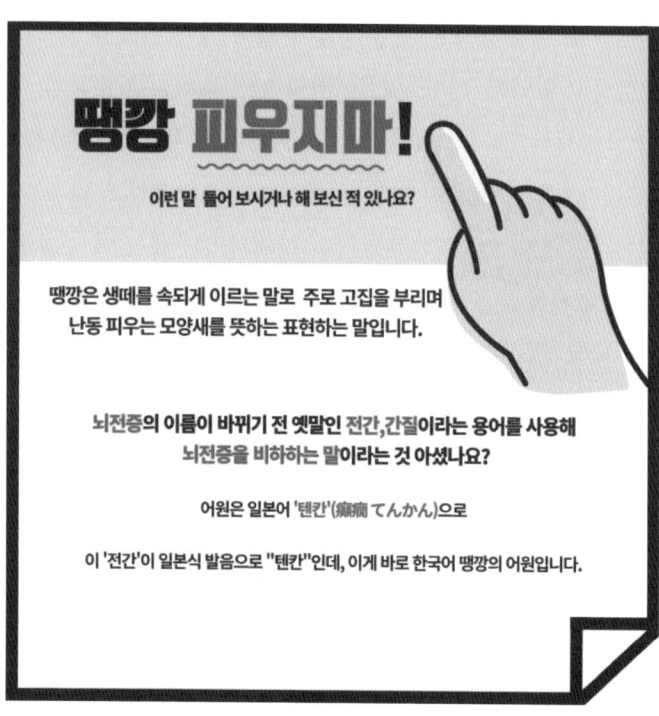

한국뇌전증협회 블로그에 게시된 '뇌전증? 간질? 알맞은 표현 사용' 카드 뉴스[11]

'지랄'이라는 단어가 유래했는데, 사람들은 이 두 단어에 대해서는 비속어 혹은 차별적 표현으로 인식하지만, '땡깡'이 뇌전증의 증상과 관련이 있다는 생각까지는 하지 못하는 경우가 대부분일 것이다. 중요한 점은, '땡깡'의 어원을 몰랐다는 것보다는, 자신이 사용하는 언어들이 어떤 의미나 영향력을 갖는지 수시로 짚어 보는 태도를 갖추는 데 있다.

'땡깡'이 그 어원을 미처 알지 못해 무의식적으로 발화하게 되는 차별적 표현이라면, 대상에 대한 이미지를 과도하게 '선한 방식으로' 규정하는 발화 또한 문제적이다. '불쌍한 장애인을 도와주자.'라거나 '장애인은 착해.'와 같은 표현들은 장애인을 배려한 표현이라고 보기 어렵다. 다음의 방송 뉴스에 등장한 한 교수의 인터뷰를 살펴보자.

> 혐오와 차별을 하지 않는다는 건 말 그대로 '동등하게 대한다는 것'이거든요. 모욕하거나 불이익을 주는 건 당연히 문제가 되지만, 불필요하게 보호나 동정의 대상으로 보는 것도 동등한 인격체로 대하는 게 아닐 수 있고요. 실제로 보호와 동정의 대상으로만 본다면 무기력하고 수동적이고 소극적인 이미지가 고착화돼서 평등한 주체로 인정받기 어려워질 수 있습니다.
>
> — 홍성수(숙명여자대학교 법학부 교수)[12]

말하는 이의 입장에서는 장애인을 좋은 말로 표현한 것이 문제가 되는지에 대한 의문이 있을 수 있겠지만, 그 이면에는 '장애인은 일반 사람들과 동등하지 않다.'라는 전제가 깔려 있다. 말하는 이는 의도하지 않았더라도, 듣는 이는 다르게 받아들일 수 있다는 점을 기억하자.

	검색어	포함 단어	의미 또는 비하하는 대상	빈도
1	ㅈ반	ㅈ반고, 똥통고	학군이 우수하지 않은 지역의 일반고등학교	462
2	지잡	지잡충	지방 소재 대학, 혹은 학생	114
3	수시충		대학 수시 전형을 준비하는 수험생	77
4	갓반고	갓반	좋은 입시 성적을 거두는 고등학교	71
5	정시파이터		대학 정시 전형을 준비하는 수험생	64
6	무당	한무당	한의대 학생 및 한의학 전공	31
7	훌리	훌리짓	훌리건의 줄임말. 특정 대학교를 높게 평가하는 행위	23
8	지잡의	지잡의치	지방 소재 대학의 의학/치의학 전공	3

학벌주의에 기반한 차별적 표현의 사례 빈도 분석[13]

'구별 짓기'를 의도한 언어 표현은 다양하게 생성된다. 앞서 다루었던 사례들이 기존에 있던 어휘들을 중심으로 하고 있다면, 여기서 소개할 사례들은 집단 내에서 구별 짓기를 의도하고 생성한 유행어들이라 할 수 있다. 이와 관련하여 한 연구[14]에서는 한 대학 입시 온라인 커뮤니티 이용자들의 혐오 표현을 연구 대상[15]으로 선정하여 빈도 분석을 진행했다. 고빈도로 추출된 명사는 앞의 표와 같다.

전반적으로 커뮤니티 이용자들은 학벌을 근거로 한 차별을 정당화하는 능력주의meritocracy 기반의 혐오 표현을 다양하게 사용하고 있었다. 흔히 대학교를 서열화하는 표현 정도뿐만 아니라 1은 학군이 우수하지 않다고 여겨지는 곳의 일반계 고등학교를, 4는 학군이 우수한 일반계 고등학교를 각각 뜻하는 은어로서, 전국의 고등학교가 특목고-자사고-일반고 순으로 서열화된 구조가 학생들의 인식 속에 자리 잡았다는 점을 함의한다. 이를 구분하는 이유는 일반계 고등학교 학생들이 내신 성적을 잘 받아 수시로 소위 명문대에 진학하는 사례들을 두고 '불공정하다'라는 인식이 팽배해 있기 때문으로 본다. 이에 따라 3, 5와 같은 표현들도 연쇄적으로 생겨나게 된다.

6과 8은 의학 계열 대학에 대한 맹목적인 찬양과 동시에 대학의 소재지 및 입학 성적에 따른 서열화 의식을 단적으로 보여 준다. 특히 6과 같은 경우 의학보다 한의학이 비과학적이라는 인식이 더불어 드러나는 사례가 된다.

온라인 공론장에서 이 같은 차별적 표현이 대수롭지 않게 사용되고 있는 이유는 무엇일까? 혐오 발언의 주체들은 이를 일종의 해학이나 풍자로 간주하면서 혐오의 발화를 문제없는 인터넷 활동으로 생각하는 것[16]이 우선 문제적이다.

그리고 '공정'에 민감해진 현대 사회에서 '구별 짓기'의 양상이 상당히 복잡다단하게 나타난다는 것, 이것이야말로 차별적 표현에 대한 언어 감수성을 흐릿하게 만들어 버리는 원인이 된다. 사회학 분야에서 혐오 표현의 사회적 현상을 해석할 때, 혐오 발화의 주체들이 약자를 우대하는 일련의 제도적 지원을 '사회적 위기'나 '불공정'한 것으로 개념화하면서 스스로를 약자로 자리매김하려는 성향이 있음을 밝힌다. 즉 과거에는 어느 한쪽이 명료하게 기울어진 형태의 권력 관계를 보였기 때문에 차별의 양상이나 표현 또한 분명하게 드러났다면, 오늘날에는 이를 수평으로 바로잡아 가는 과정에서 차별적 표현에 대한 인식 또한 다양하게 나타날 수밖에 없는 것이다.

❝❞ 비판의 대상은 언어일까, 사람일까?

"주문하신 아메리카노 나오셨습니다."

카페에서 흔히 들어 볼 수 있는 이 말은 사실 문법적으로 부적절하다. 이 말에는 높임을 나타내는 '-시-'가 '주문하신'과 '나오셨습니다'에 두 번 사용되었는데, '주문하신'의 '-시-'는 적절하게 사용된 반면, '나오셨습니다'의 '-시-'는 잘못 사용되었다. 우리말 **높임 표현**에는 주체 높임, 객체 높임, 상대 높임이 있고 '-시-'는 이 중 주체 높임을 나타내는 표현인데, 주체 높임이란 문장의 주어가 높임의 대상이 되는 경우에 쓰는 표현이기 때문이다. "주문하신 아메리카노 나오셨습니다."에서 '주문하신'의 주어는 문장에는 보이지 않는 손님이지만,

은 왕'이라는 인식이 지배할 때 손님과 직원 사이에는 갑을 관계라는 사회적 권력관계가 맺어지며, '갑'의 갑질은 "주문하신 아메리카노 나오셨습니다."와 같은 과도한 높임 표현을 통해 드러난다. 언어는 사회적 산물이기 때문에 사회적 인식이 언어를 통해 드러나게 되고, 따라서 언어에 대한 비판은 곧 그러한 언어를 사용하는 사회에 대한 비판으로 이어지게 되는 것이다.

　이러한 비판은 때로 높임 표현 전체에 대한 비판으로 이어지기도 한다. 어떤 TV 프로그램에 패널로 출연한 한 칼럼니스트는 "우리 사회에 존재하는 높임 표현이 민주화로 가는 가장 큰 걸림돌"이라는 의견을 피력하기도 했다.[20] 이에 대해서는 개인마다 생각이 다를 수 있지만, 언어 표현을 사회적 힘의 관점에서 비판적으로 접근할 때 이러한 의견이 개진될 수 있다.

　또 다른 측면의 비판도 가능하다. 교육적 측면에서는 "주문하신 아메리카노 나오셨습니다."와 같은 사례를 잘못된 표현으로 낙인찍고 학습자에게 해석할 기회조차 주지 않는 현상이 오히려 비판의 대상이 될 수도 있다. 어떤 식으로든 비판 대상과 비판 방향의 고착화는 주체적이고 능동적인 비판의 걸림돌이 된다는 점에서 이 역시 비판의 대상이 될 수 있

다는 것이다.[21]

언어에 대한 비판은 곧 그 언어를 사용하는 사람에 대한 비판, 그 사람들이 구성한 사회에 대한 비판으로 이어지며, 때론 비판하는 행위 그 자체가 비판의 대상이 되기도 한다. 언어와 사회는 긴밀하게 연결되어 있기에 비판의 대상은 언어일 수도, 그 언어를 사용하는 사회일 수도 있으며, 다른 측면에서는 비판이라는 행위 그 자체일 수도 있다.

국어 교육에서는 이러한 접근 방식을 **비판적 언어 인식**이라 칭해 왔다. 비판적 언어 인식은 언어를 통해 반영되고 생산되는 사회적 힘의 구조에 대한 비판적 접근을 의미한다. 언어는 **언어 주체**들의 정체성이 투영되는 것으로서, 언어에 대한 비판은 사회 속에 존재하는 언어 주체들의 정체성이 언어적으로 어떻게 구성되고 변화하는가에 대한 비판이기도 하다.

이를 누진 다초점 렌즈를 착용하는 것에 비유하는 연구자도 있다.[22] 맞춤법과 문법에 맞게 언어를 정확하게 사용하는 것이 가까운 거리용 렌즈를 갖추는 일이라면, 의사소통의 맥락에서 의도에 따라 적절하게 사용하는 것은 중간 거리용 렌즈를 갖추는 것이라 할 수 있다는 것이다. 이에 반해 사회적 행위라는 측면에서 언어를 조망하는 일은 보다 먼 거리의 렌즈를 요구한다. 우리는 이러한 세 층위의 다초점 렌즈를 착용할 때 언어와 사회를 보다 정밀하게 살피고 나 자신과 사회의 언어를 성찰할 수 있다.

어떤 사회적 현상을 비판하고자 하는가? 그렇다면 먼저 그 구성원들이 쓰는 언어를 들여다보아야 할 것이다.

66 사실과 의견을 구별하는 것이 왜 비판하는 것일까?

어떤 대상을 비판하는 일은 언어로 이루어지는 만큼, 교육 현장에서는 **비판적 문해력**이라는 목표가 비판 능력의 다른 이름으로 사용되기도 한다. 최근 우리 사회의 문해력 저하를 우려하는 목소리 중에는 바로 이 비판적 문해력의 저하를 우려하는 목소리가 크다.

이러한 우려의 근거는 2018 국제학업성취도평가PISA 결과에서 찾아볼 수 있다. 'PISA 2018'에서는 청소년의 비판적 문해력을 측정하기 위해 사실과 의견을 구별하는 문항을 제시하고 있는데, 한국 청소년들은 읽기에서 상위권의 성적을 기록했음에도 불구하고 해당 문항에서 정답률 25.6%를 기록

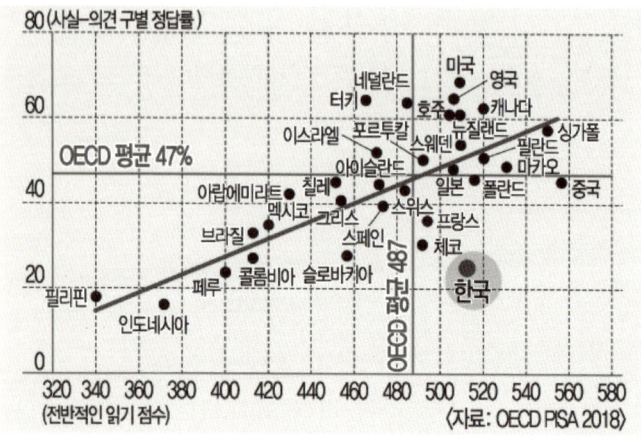

나라별 사실-의견 구별 능력과 전반적 읽기 능력의 상관관계[23]

하여 전체 OECD 회원국 중 최하위 수준을 보였다. **사실과 의견*** 을 구별하는 능력과 전반적 읽기 능력의 상관관계를 보여주는 그래프에서 한국은 상관관계가 매우 떨어지는 국가에 속한다.

'정보가 주관적이거나 편향적인지를 식별하는 방법에 대해 교육을 받았는가'라는 문항에서도 한국은 평균 이하의 그룹에 속한다. 사실과 의견을 구별하는 능력과 정보의 주관성 및 편향성을 판별하는 교육은 상관관계를 이루는데, 한국은

양자 모두에서 하위권에 머물고 있다. 사실과 의견을 구별하는 능력을 X축으로, 정보의 주관성 및 편향성을 판별하는, 교육을 받은 학생 비율을 Y축으로 놓고 OECD 각 국가를 그래프 안에 위치시켰을 때, 한국은 X축과 Y축 모두에서 OECD 평균 아래에 위치한다.[24] 즉, 한국의 청소년들은 일반적인 문해력은 높은 수준이지만 비판적 문해력은 낮은 수준이며, 이

는 '사실과 의견 구별하기'를 통해 측정되고 있고, '사실과 의견 구별하기'는 '정보의 주관성과 편향성 식별하기'와도 밀접하게 관련된다.

여기서 첫 번째 질문은 '사실과 의견을 구별하는 능력이 왜 비판적 문해력을 측정하는 지표가 되는가' 하는 점이다. 비판적 문해력을 철학적 관점에서 바라보면 사회·문화적 맥락 안에서 언어에 힘의된 또는 언어로 드러난 사회적 힘의 관계를 읽어 내는 능력을 의미하지만, 이러한 사회·문화적 읽

기가 가능하기 위해서는 글의 내용이 타당하고 신뢰할 만한 지에 대한 판단이 선행되어야 한다.[25] 그리고 글의 내용이 타당하고 신뢰할 만한지 판단하기 위해서는 먼저 해당 내용이 화자의 생각에서 비롯된 것인지, 믿을 만한 자료나 사실적 현상에서 비롯된 것이지 구별해야 한다. 화자의 생각의 타당성과 신뢰성을 판단하는 방법과, 자료나 현상의 타당성과 신뢰성을 판단하는 방법은 같지 않기 때문이다.

이런 이유에서 국어 교육에서는 7차 국어과 교육 과정 (1997년 고시)에서부터 '사실과 의견 구별하기'를 읽기 성취 기준으로 제시하고 있다. 특히 이는 비판적 문해력을 길러 주기 위한 수업 및 프로그램에서 빠짐없이 등장하는 성취 기준이기도 하다.[26]

현대 사회에서 사실과 의견을 구별하는 비판적 문해력은 인공 지능[AI]의 범람과 더불어 그 중요성이 점차 커지고 있다. 챗지피티[ChatGPT]를 비롯한 생성형 인공 지능은 잘못된 정보를 바탕으로 한 거짓 정보를 마치 사실인 것처럼 제시하기도 하므로 이를 구별하는 능력이 중요하다. 이런 점에서 비판적 문해력은 **디지털·미디어 문해력**과도 긴밀하게 관련된다.

다음 기사는 디지털·미디어 문해력 교육을 통해 잘못된 정보를 매끄러운 표현으로 만들어 내는 인공 지능에 대한 비판적 사고 능력을 길러 내야 함을 강조하고 있다. 디지털·미디어 문해력을 갖추기 위해서는 인공 지능을 비롯한 디지털·미디어가 작동하는 방식을 이해하는 것이 중요한데, 언어는 그 작동의 도구가 되므로 어떻게 가짜 정보가 진짜처럼 언어로 포장될 수 있는지 비판하는 일이 중요한 것이다.

챗지피티 충격 각계 확산…"AI 읽어 낼 비판적 사고력 길러야"

(…)

• "AI 읽어 낼 비판적 사고력" 교육해야

챗지피티처럼 뛰어난 언어 능력을 갖춘 인공 지능이 각종 서비스와 제품에 보편적으로 적용되는 환경에서 사람들이 인공 지능의 속성과 위험성을 인지하지 못하면 피싱과 사기로 인한 피해가 더욱 커지게 된다. 〈엠아이티(MIT) 테크놀로지 리뷰〉 최신호는 "컴퓨터 프로그램이나 인공 지능에 속거나 피해를 입지 않으려면 대중이 인공 지능의 작동 방식과 한계에 대해 알아야 한다"며 '인공지능 리터러시 교육'이 필요하다고 보도했다. 특히 잘못된 정보를 매끄러운 표현으로 만들어 내는 인공 지능에 대

한 비판적 사고 능력을 가르치는 게 요구된다.[27]

　글에서 사실과 의견을 구별한 후에는 그 의견의 근거가 타당하고 신뢰할 만한지 따져 봐야 한다. 현재 국어 교육에서는 초등학교 급에서부터 이와 관련된 내용을 가르치고 있다. 다음 사례는 초등학교 4학년 국어 교과서에 제시된 활동이다. 이러한 활동에 따르면 의견은 '주제와 관련이 있어야 하고', '뒷받침한 내용이 믿을 만해야 하고', '뒷받침한 내용의 출처 또한 믿을 만해야 하며', '의견대로 행했을 때 문제가 없어야

10. 1~9의 내용을 바탕으로 하여 혜원, 민서, 준우의 의견이 적절한지 생각해 봅시다.

> 준우는 주제와 관련 있는 의견을 제시했고, 뒷받침 내용도 믿을 만했어. 하지만 그 의견대로 하면 문제가 생길 수 있어서 적절한 의견이라고 볼 수 없어.

> 혜원, 민서, 준우의 의견이 적절하다고 말할 수 있을까?

> 혜원이는 주제와 관련 있는 의견을 제시해야 해.

> 민서는 뒷받침 내용을 선택할 때 내용의 출처가 믿을 만한지 확인하는 것이 좋겠어.

2015 개정 초등학교 국어 교과서 4-2나 8단원 활동[28]

92

한다.' 이와 같은 의견의 타당성을 따지는 활동은 비판적 문해력이 강조되면서 더욱 강화되고 있다.

그런데 사실과 의견을 구별하는 것은 그 자체로도 녹록지가 않다. 예를 들어, 다음과 같은 기사에서 사실은 무엇이고, 의견은 무엇일까?

---

1) 프랑스 솔루션 저널리즘 연구 기관 '르포르테르 데스푸와'는 '기후 문제를 잘 다룰 수 있는 방법을 고민하는 언론인을 위한 가이드'를 발표했다.

2) 유럽방송연맹(EBU)은 (…) 많은 미디어 조직에서 기후 변화 보도는 기후 팀이나 과학 부서에서 제한적으로 다루는데 다양한 부문으로 확대해 민주주의나 인권과 비슷한 방식으로 보도가 이뤄져야 한다고 주장했다.[29]

---

1)의 발표는 실제로 있는 일이니 사실이고, 2)는 특정 기관의 주장이니 의견이라 할 수 있을까? 그런데 2)의 경우는 언어적으로 좀 더 복잡하다. 만일 이것이 인용의 형태를 띠고 다음과 같이 쓰였다면 이는 사실일까, 의견일까?

> 유럽방송연맹(EBU)은 많은 "미디어 조직에서 … 민주주의나 인권
> 과 비슷한 방식으로 보도가 이뤄져야 한다."고 말했다.

만일 이것이 사실이라면 누구의 사실이며, 의견이라면 누구의 의견일까? 유럽방송연맹EBU에게는 이것이 의견일 수 있지만, 취재하고 전달하는 기자에게도 이것이 의견일까? 이처럼 사실과 의견을 구별하는 일은 누구의 목소리를 통해 전달되는 말인지, 또 어떤 언어 장치를 통해 전달되는 말인지에 따라 다르게 접근될 수 있다.

따라서 사회·문화적 맥락에서 텍스트에 투영된 여러 언어 주체들의 목소리를 읽어 내기 위해서는 보다 다층적인 접근이 필요하다. 맥러플린M. McLaughlin과 드부그드G. L. DeVoogd는 비판적 문해력을 향상시킬 수 있는 질문 목록을 다음과 같이 제시하고 있어 참고할 만하다.[30] 사실과 의견을 구별하는 일은 이러한 질문과 함께 이루어져야 할 것이다.

우리 사회의 편견은 미디어에 어떤 모습으로 나타날까?

언어 감수성을 기르고 '나'의 언어를 돌아보는 태도를 내면화하는 것은 쉽지 않다. 우리의 언어생활에 대해 타당한 비판이 어려운 것은, 언어와 사회가 끊임없이 상호 작용하는 속성을 갖기 때문이다. 그 가운데에서 미디어는 사회의 담론을 재현하기도 하지만, 미디어 또한 사회의 담론을 형성하면서 편견을 강화하기도 한다.

다양한 언어 공동체를 고려한 언어 실천은 가능할까? 최근 다문화, 남북한 등 언어 공동체가 다양화된 만큼, 다문화 사회에서 '우리(내국인)'와 '그들(외국인)'을 언어적으로 구분 짓는 표현들을 눈여겨볼 필요가 있다. 이런 관점에서 신문 기사에서 이주 노동자를 어떻게 표현하고 있는지 살펴보자.

> (1) 살처분 인력은 저임금, 외국인 노동자 인력 시장에서 공급되는데 미등록 이주 노동자들은 신분이 드러나는 걸 꺼리기 때문에 충원이 쉽지 않다.
>
> (2) 서울 은평구의 건설 현장에서 일하는 미얀마 출신 Z씨(27)는 "불법 체류 신분이라 일당을 떼여도 참아야 한다. 일한 만큼 받아 가는 한국인이 부럽다."고 말했다.[31]

(1)과 (2)는 모두 이주 노동자에 대해 다루고 있는 기사의 일부분이지만 (1)은 '미등록 이주 노동자'라는 명명 방식을 통해 '불법'이라는 표현을 최대한 다듬어 표현하려는 필자의 의도가 보인다. 반면 (2)의 경우 '미얀마 출신' 등 특정 출신 국가를 드러내면서 이를 '불법'이라는 말과 함께 배치하여 '우리'의 공동체 밖에 있는 대상을 부정적으로 표상하고 있다.

미디어에 재현된 편견은 비단 신문 기사에서만 나타나는 것이 아니다. 드라마나 영화, 소설 등에서도 고정 관념은 재현되게 마련이다. 최근 방영한 몇몇 드라마 중에는, 여전히 장애에 대한 우리의 고정 관념을 떠올리게 한다.

이와 관련하여 한 칼럼[32]에서는 시간을 되돌리는 설정을 갖는 드라마들 속의 등장인물이 장애를 치유하는 과정을 보여 주는 것에서 우리의 인식 속에 깊이 자리한 편견을 지적하고 있다. 다음은 칼럼 속 필자의 견해를 요약 및 발췌한 것이다. 팍팍한 현실의 삶 속에서 판타지 드라마는 시청자들에게 일종의 심리적 치료제가 되기도 하지만, 마냥 이를 행복하게만 받아들여도 되는 것인지는 한 번쯤 생각해 볼 필요가 있다.

얼마 전 종영한 드라마인 〈선재 업고 튀어〉의 주인공 임솔(김혜윤)은 열아홉 살에 교통사고를 당해 하반신 마비라는 장애를 갖게 되지만, 그때 자신을 위로해 준 톱스타 류선재(변우석)가 갑자기 세상을 떠나면서 과거로 돌아가 그를 다시 살려 내기 위해 고군분투한다. 시청자들은 과거로 돌아간 임솔이 류선재와 쌓아 가는 추억에 열광함과 동시에, 과거로 돌아가면서 임솔이 다시 건강한 신체를 회복하는 것에 대해 일종의 '행복한 결말'로만 간주한다.

칼럼의 필자는 임솔의 장애 여부가 드라마의 진행에 매우 중요한 장치로 기능한다는 점을 지적한다. 구체적으로 드라마 초반부에서는 과거로 타임 슬립time slip하기 전에 임솔이 일상에서 겪는 현실적인 제약을 짧게 보여 주는데, 회사에 엘

리베이터가 없다는 이유로 취업이 좌절되고, 교통 체증을 포함한 이동의 불편함 때문에 콘서트에 가지 못하는 것들이 그 예가 된다.

반면 사고가 나기 전의 시간으로 돌아온 임솔은 거침없다. 가족이 사고를 당할 뻔한 일을 막아 내고, 남자 주인공을 적극적으로 돕는다. 과거로 돌아간 임솔은, 비록 미래의 정보를 발설하려고 하면 그대로 시간이 멈추는 제약에 걸리긴 하지만, 유능하고 주체적인 인물이다. 이러한 임솔의 활약은 '휠체어에 갇혀 있던' 임솔과 대조된다.

이러한 연출은 행복한 결말을 지향하는 드라마적 장치겠지만, 의도와 무관하게 '이런 평범하고 사소한 행복'은 실재하는 '결함이 있는 몸'이 아니라 '가상의 정상화된 몸'에게 허용된다는 메시지를 동시에 던지기도 한다.

우리는 과연 드라마나 방송 뉴스를 보면서, 그리고 신문 기사를 읽으면서 이들이 전제로 삼는 고정 관념들을 파악할 수 있을까? 행복한 결말, 현실에서 허락되지 않는 설정은 어쩌면 드라마를 포함한 많은 문학 작품들에서 무수히 재현되었던 것들일 수 있겠지만, 우리는 그 속에서 현실을 직시하고 편견을 짚어 보는 민감성 또한 놓지 말아야 할 것이다.

‘영화 비평’과 ‘과학적 비판’은 같은 비판일까?

〈헤어질 결심〉

파란색으로도 보이고 녹색으로도 보이는 그 옷처럼, 미결과 영원 사이에서 사무치도록.

★★★★★[33]

이동진 영화 평론가가 2022년 들어 처음으로 별 다섯 개를 준 영화 〈헤어질 결심〉의 한 줄 평이다. 마치 하나의 시같이도 보이는 이 한 줄은 영화 비평이 가지는 주관적 해석의 면모를 보여 준다. 이러한 영화 비평을 비롯한 문학 비평은 기본적으로 텍스트를 읽는 행위에서 출발하며 텍스트 속에서

은폐된 의미까지를 밝혀 내는 작업이라는 면에서, **비평**은 비판적 해석의 하나라고 규정할 수 있다.[34]

평론가가 선택한 단어들은 모두 영화의 장면과 관련이 있지만 수많은 장면 중 특정 장면에 의미를 부여하고 여기에 특정 단어로 이름을 붙이는 행위는 오롯이 평론가의 것이다. '영화는 두 번 시작된다'는 그의 책 제목과 같이, 영화나 문학 작품을 비평하는 일은 평론가의 관점에서 그 자체로 작품을 새롭게 다시 구성하는 일이기도 하다.

이처럼 비판의 한 방법인 영화 비평 또는 문학 비평에서는 작품을 분석하는 것 못지않게 그 분석의 결과를 의미화하는 평론가의 언어가 중요한 역할을 한다. 이에 대해 권영민 서울대 명예교수는 문학 작품을 분석하고 평가하는 일은 주관적 감상에 따르기보다는 다른 학문처럼 과학적 방법에 기반해야 한다며, 과학적 방법론을 통한 비평을 강조하기도 한다.[35]

감상적 읽기보다 사실적 읽기가 더 중시되는 사회 분야의 비판에서는 최근 빅 데이터를 활용한 과학적 방법론이 비판의 한 방법론으로 활용되고 있다. 한 예로, **비판적 담화 분석**에 빅 데이터를 활용하는 것을 볼 수 있다. 비판적 담화 분석은 영국의 언어학자 페어클러프 N. Fairclough 가 제시한 이론으로, 사회·문화적 맥락의 권력관계가 어떻게 텍스트의 어휘나 문장으로 드러나는지를 분석한다. 비판적 담화 분석은 하나의 텍스트를 질적으로 분석하기도 하나, 최근에는 텍스트 마이닝text mining 기법을 활용하여 대량의 데이터를 대상으로 숨겨진 패턴과 지식, 유용한 정보들을 자동적으로 추천하고 분석하기도 한다.

예를 들어, 다음은 텍스트 마이닝 기법을 통해 젊은 세대(아동, 청소년, 청년) 관련 1980~2019년의 언론 보도를 분석한 결과이다.

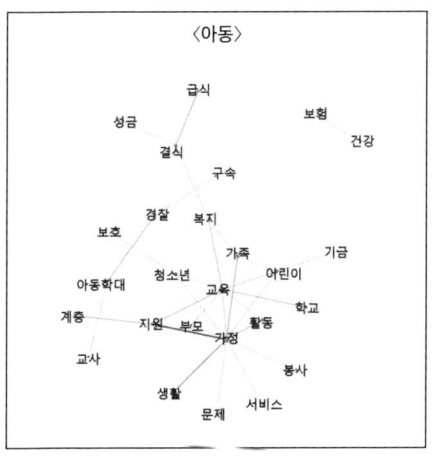

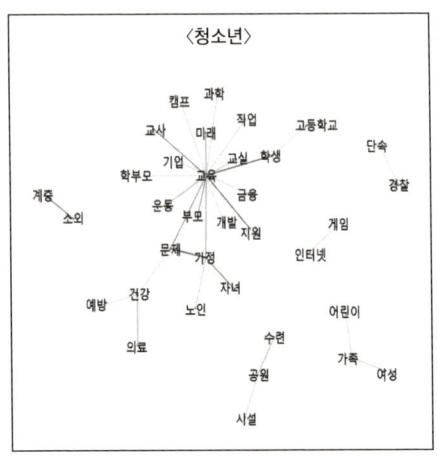

〈청소년〉

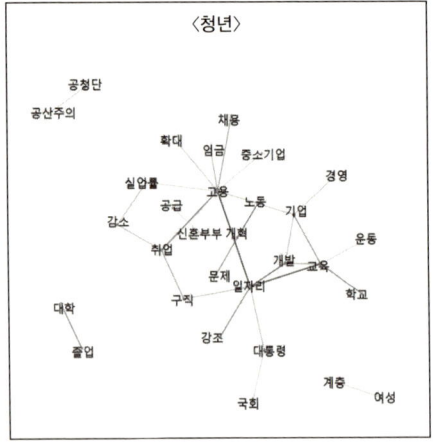

〈청년〉

텍스트 마이닝 기법을 활용한 비판적 담화 분석의 사례[36]

이 결과를 토대로 우리 사회가 '아동'은 보호 대상으로 접근하며, '청소년'은 주체적이면서도 범죄로부터 보호가 필요한 대상으로 바라보고, '청년'은 고용 이슈와 관련하여 다소 객체적으로 바라보고 있음을 확인할 수 있다. 이러한 자료 분석 결과는 '우리 사회가 젊은 세대를 바라보는 시각'을 비판적으로 분석하는 데 밑바탕이 된다.

특정 단어의 빈도를 분석함으로써 담화에 반영된 우리

순위	정부별 대통령 연설문의 단어 빈도							
	노무현		이명박		박근혜		문재인	
	단어	횟수	단어	횟수	단어	횟수	단어	횟수
1	한국	569	세계	1,128	경제	577	평화	1,151
2	국민	569	국민	788	국민	469	국민	1,065
3	경제	548	대한민국	743	한국	467	한국	824
4	평화	534	경제	696	세계	419	경제	787
5	협력	431	한국	617	평화	395	협력	633
6	세계	388	사회	461	협력	333	세계	592
7	정부	348	발전	447	북한	316	한반도	538
8	사람	308	성장	416	발전	294	정부	514
9	역사	282	협력	384	대한민국	284	대한민국	447
10	발전	274	국제	327	교육	258	전쟁	411

단어 빈도 분석을 통한 비판적 담화 분석의 사례[37]

사회의 시선에 접근할 수도 있다. 다음은 역대 대통령의 연설문에서 어떤 단어가 빈번하게 등장했는지를 분석한 사례이다. 이러한 분석을 통해 각 대통령이 중시하는 것이 무엇이었는지, 이러한 담론이 우리 사회에 어떤 영향을 미쳤는지를 비판적으로 분석할 수 있다.

그렇다면 과학 분야에서 이루어지는 비판은 어떤 모습일까? 과학적 사고는 문제 상황에서 해결책을 찾기 위해 가설을 생성하는 과정과, 생성된 가설이 얼마나 설득력 있는지 평가하는 과정으로 이루어지는데, 후자의 과정에서 중요한 것이 바로 비판적 사고이다.

명왕성 재분류 과정은 과학 분야에서 이루어지는 비판적 사고 과정의 일면을 엿볼 수 있는 사례이다. 태양계의 아홉 번째 행성으로 분류되던 명왕성은 2006년 8월 체코 프라하에서 열린 국제천문연맹IAU 총회에서 왜소 행성으로 재분류되었다. 이는 국제천문연맹에서 행성의 정의를 재설정한 것과 관련된다.

국제천문연맹은 2005년 명왕성과 비슷한 크기의 천체 에리스Eris를 발견하면서 행성의 정의를 재검토했다. 기존 정의에 따르면 에리스는 행성의 정의를 만족시키면서도 명왕성보다 크기가 크기 때문에 에리스를 행성에 포함시켜야 하는 상황이었다. 그러나 국제천문연맹은 에리스를 행성에 포함시키는 대신에 행성에 대한 정의를 다시 새웠다. 새로운 정의에 따르면 행성은 '태양을 중심으로 공전하고, 충분한 중력을 가지고 있어 구형을 유지해야 하며, 자신의 공전 궤도 주변에서 지배적인 천체'여야 한다. 그런데 명왕성은 다른 행성에 비해 왜소하고 중력도 상대적으로 약해, 오히려 새로 발견된 에리스보다도 궤도 주변에서 지배력이 약했다. 이에 명왕성은 에리스와 함께 왜소 행성으로 재분류된다.

결과적으로 명왕성은 태양계에서 퇴출되었고 이로 인해 에리스를 처음 발견한 마이클 브라운^{Michael E. Brown} 교수는 '명왕성 킬러'라는 별명을 얻기도 했다. 방탄소년단의 〈134340〉('134340'은 명왕성에 부가된 국제천문연맹 소행성센터 식별 번호이다)이라는 노래에는 명왕성의 마음을 대변하는 "그 때 왜 그랬는지, 왜 날 내쫓았는지"라는 가사가 등장하기도 한다.

우리는 이러한 과정을 통해 과학적 비판의 특성을 살펴볼 수 있다. 기존의 이론으로 설명할 수 없는 새로운 현상이 발견되었을 때 과학적 비판은 어떻게 작용하는가. 명왕성과 비슷한 새로운 천체를 발견하면서 태양계 행성과 관련해 새로운 정의를 세울 필요가 생겼을 때 과학적 비판은 두 가지

66 비판의
목적과 준거

이제까지 비판의 개념과 필요성, 다양한 상황에서의 비판 양상을 살펴보았다. 비판은 개인의 사고 차원에서는 인지적 행위가 되고, 개인의 사고 바깥으로 언어화되면 사회적 행위가 된다. 비판은 진실을 파악하는 데 도움을 주고 불행한 파국을 예방해 주기도 하며 창의적인 문제 해결에 도움을 줄 수도 있다. 그렇다면 비판을 잘하기 위해 무엇이 필요할까? '비판의 목적'을 인지하고 '비판의 준거'를 잘 세워야 한다.

비판의 목적을 확인하는 것은 렌즈를 고르기 전에 렌즈 사용의 목적을 확인하는 것과 같다. 먼 곳을 볼 목적이라면 망원경의 렌즈를, 미세한 곳을 들여다보려면 현미경의 렌즈를 사용해야 하기 때문이다. 특정 분야에 고도로 숙달된 전문가라면 해당 분야의 많은 정보를 한 번에 평가하는 데 어려움이 없겠지만, 보통 사람이 새로운 정보를 대량으로 받아들이는 상황에서라면 비판의 목적을 확인하고 그 목적에 맞는 초점을 정하는 것이 효율적이다.

비판의 목적을 이해하고 공유한다면 관련 당사자 간의 불필요한 오해와 갈등을 줄일 수 있다. 조선은 왕조의 번영을 위해서 사관史官을 두어 기록하고 비평하게 했다. 그걸 알기 때문에 왕들은 불편하지만 사관들의 존재를 감내했고, 그들을 왕권에 도전하는 것으로 오해하지 않았다. 코페르니쿠스와 같은 과학자들은 자연의 사실적 이해라는 목표를 공유했기 때문에 종교계와의 갈등에도 불구하고 과학자들 간의 광범위한 협력을 발휘할 수 있었다.

우리 사회에서 차별적인 언어에 대해 비판하는 것은 다원화된 사회를 인정하고 더 좋은 사회로 만들기 위해서이다. 남녀, 지역, 민족 등 다양한 사람들의 조화와 협력이 절실한 사회에서 혐오 표현이 사회의 안녕과 조화라는 우리 공동의 목표에 해가 된다는 점을 인식할 때 차별적 언어에 대한 비판에 공감할 수 있다.

비판의 목적을 인식한 후 실제 비판을 수행하려면 **준거**★

가 필요하다. 준거는 "사물의 정도나 성격 따위를 알기 위한 근거나 기준"으로 풀이되며 '표준'이라는 말로도 바꾸어 쓸 수 있다(표준국어대사전). 사물을 보려면 안경의 렌즈가 필요하듯이, 자료나 정보를 비판적으로 평가하려면 준거가 필요한 것이다. 배우자를 고르는 어떤 사람이 성격만 본다면 준거가 하나이고, 능력도 본다면 준거가 둘이고, 그 이상을 본다면 준거가 여럿이다.

★ 준거(準據)

준거는 판단, 평가, 결정의 기반이 되는 기준이나 원칙을 의미한다. 효과적인 평가는 준거를 갖추어야 한다. 일정한 준거를 갖추지 못하면 동일한 성취나 현상에 대해서 사람마다 다른 판단을 내려 평가의 일관성을 잃게 된다. 평가가 일관성을 잃으면 평가가 제대로 이루어졌는지의 타당성과, 평가가 믿을 만한지의 신뢰성을 의심 받을 수 있다. 준거가 결여된 평가는 문제 개선에 단서를 제공하지 않는 비난에 그칠 수 있고, 구성원들은 그런 평가 결과를 납득하고 동의하지 못할 수 있다.

어떤 제도화된 표준이 있다면 그 표준이 준거가 될 수 있다. 미터법의 킬로그램(kg)으로 우리의 몸무게를 잴 수 있고, 센티미터(cm)로는 우리의 키를 잴 수 있으며, 섭씨(℃)를 사용하면 실내의 온도를 잴 수 있다. 이러한 준거들은 어디서나 동일해서 우리에게 표준적인 정보를 제공해 줄 수 있다.

만약 표준이 없다면 서로 다른 대상을 견주는 것도 방법이다. 우리 속담처럼 어느 것이 길고 어느 것이 짧은지는 대어 보면 안다. 상대적인 평가도 평가다. 비슷하지만 다른 글을 견주어 읽는다든지, 주장을 '지지하는 논거'와 '반박하는 논거'를 아울러 제시하는 것은 비판적 사고에 기반한 글 읽기와 글쓰기의 방법으로 활용될 수 있다.

그렇다면 비판의 준거가 될 만한, 비판의 자, 저울, 온도계는 어떤 것일까? 우선 사회에서 합의가 된 법과 도덕이 준거가 될 수 있다. 문학 작품 속 인물의 불법적 행동, 부도덕한 행동의 준거는 법과 도덕이다. 어문 규범도 (안 지킨다고 처벌을 받지는 않지만) 옳고 그름을 판단할 수 있는 규범 역할을 수행한다.

우리 사회의 각종 규범 중에서 법은 사법적·제도적 장치를 통해서 강력한 구속력을 발휘하는 대표적인 판단의 준거이다. 다음의 ㉠~㉢은 법이 사회적 행위의 준거로 작용하는 모습을 잘 보여 주고 있다.

㉠ '절차적 하자' 때문에…법원, 학폭 사건 징계처분 무효 판결 – "상담·조사 수행한 전문상담교사, 학교폭력자치위원 자격 없어…포함시 공정성·독립성 보장 안돼"[1]

㉡ ○○○○, 부당이익금 반환 청구 2심서도 승소…"실체·절차적 하자 없어" – ○○○○ 일부 가맹점주 "본사 일방적 원부자재

공급가 인상으로 과도한 이득 취했다" 주장[2]

ⓒ **형사소송법 제308조 2(위법수집증거의 배제)** 적법한 절차에 따르지 아니하고 수집한 증거는 증거로 할 수 없다.

위의 ㉠은 학교 폭력 가해자에 대한 징계가 절차적 하자 때문에 무효가 되었다는 판결에 관한 기사이다. 과거에 학교는 관습이나 교육청의 장학 지도 중심으로 운영되어 왔었다. 하지만 기사에 나오는 이런 사건들을 경험하면서 학교 폭력 담당 선생님들은 학교 폭력 관련 법규에 어긋날 때 처분이 무효가 될 수 있음을 학습하게 되었다.

㉡은 기업의 이익금이 실체적으로나 절차적으로 문제가 없다는 판결이 나왔다는 기사이다. 실체적으로 문제가 있다는 것은 실제 이익금이 부당하다는 것이고, 절차적으로 문제가 있다는 것은 정당한 이익금이라도 형성 절차상 문제가 있다는 말이다. 법은 어떤 조치가 내용적·절차(형식)적으로 법에 적합할 것을 요구한다.

㉢은 수사 기관이 절차상 위법하게 수집한 증거는 무효가 된다는 법 조항이다. 유효한 법률 행위가 성립되기 위해서는 법이 규정하는 절차를 준수해야 함을 확인할 수 있다. 사

회적 행위의 **준거로서의 법**은 내용상의 적합성과 절차적 적합성을 모두 규정하는 강력한 힘을 갖고 있다.

법과 같은 사회적 규범을 벗어난 영역에서 판단의 준거 역할을 하는 것은 관점, 가치관이다. 개인의 관점이나 가치관은 주관적인 판단에 영향을 줄 수 있다. 관점은 "사물이나 현상을 관찰할 때, 그 사람이 보고 생각하는 태도나 방향 또는 처지"로 풀이된다(표준국어대사전). 비판의 주체가 있는 시간, 공간, 처지 등은 관점을 형성하는 주요 요인이다. 비판의 주체가 특정한 욕구나 욕망의 영향 아래 놓여 있다면, 욕구나 욕망도 관점을 형성한다고 볼 수도 있다. 필자와 같은 시공간이나 처지에 놓여 있고 유사한 욕망을 갖고 있을수록 독자는 필자의 글에 공감하기 쉽다. 반면 현대의 독자는 옛 문학 속 인물 행동에 이견을 보일 수도 있고, 인간의 행동을 사회학적으로 접근한 글을 읽은 생물학자는 진화적 관점에서 새로운 해석을 제기할 수도 있다.

가치관은 평가의 척도가 되는, 가치에 대한 관점을 말한다. 사회적으로 합의되었거나 우세한 가치관이 있는가 하면, 개인이 독자적으로 갖고 있는 가치관도 있다. 특정한 대상에 얼마나 가치를 부여하느냐, 두 가지 이상의 가치 가운데 우선순위는 어떻게 정하느냐에 따라 다양한 가치관, 가치 체계가 있을 수 있다. 다음의 가상적 가치 판단의 상황에는 괄호 안과 같은 가치 판단이 내재되어 있다고 볼 수 있다.

○ 그 사람의 의견에는 동의하지 않지만 그 사람이 제시한 사실은 숙고할 만해. (의견 〈 사실)

○ 뇌에 관한 그림만 보다가, MRI로 뇌를 찍은 사진을 보니 특별하게 느껴져. (그림 〈 사진)

○ 가설로만 입증되었던 것이 실험을 거친 후 성공적인 이론으로 자리 잡았다. (가설 〈 이론)

○ 치열한 외교전에서는 기분 좋은 외교적 수사에 도취되지 말고 실리를 챙겨야 한다. (수사 〈 실리)

⊙에는 의견보다 사실이 가치 있고, ○은 그림보다 사진이 가치 있고, ○은 가설보다 이론이 가치 있고, ○은 수사보다 실리가 가치 있다는 가치관이 전제되어 있다.

가치관은 은연중 작용하는 경우도 많아서 당사자가 자각하지 못할 수도 있다. 이때는 가치관을 명시화하는 것도 비판활동의 중요한 일부가 된다. 본인의 고유한 가치관을 갖고 있지 못하고 부모님이나 권위자, 사회의 다수가 갖고 있는 가치관을 본인의 가치관으로 생각하는 경우도 많다. 개인의 가치관이든, 사회적인 모방이나 수용에 의해 생긴 가치관이든, 가치관은 말이나 글을 비판할 수 있는 중요한 척도가 된다.

타당성·신뢰성·공정성·적절성, 그리고 최적화된 평가표

주장하는 글, 광고, 매체의 영상물 등 다양한 비판적 이해의 상황에서 비판의 준거는 조금씩 다를 수 있다. 하지만 여러 맥락에서 반복적으로 등장하는 준거도 있다. 국어 수업 시간에 자주 다루는 비판의 준거들에는 타당성, 신뢰성, 공정성, 적절성 등이 있다. 각각의 말들은 세 글자씩으로 짧지만, 의미는 정리해 볼 만한 가치가 있다.

① 타당성

타당성은 "사물의 이치에 맞는 옳은 성질"(표준국어대사전)을 뜻한다. 구성 한자 '온당할 타妥', '마땅 당當'은 둘 다 마땅히 그러해야 함을 뜻한다. 같은 '당' 자가 들어 있는 '해당該當'을 보면, '당'의 뜻을 엿볼 수 있다. 영어 단어로는 valid(타당한, 유효한), 어근이 되는 라틴어는 valere[와레레](힘 있다, 유효하다)이다. 타당성은 학문적으로 활발하게 사용되는 용어이기는 하지만, 뜻풀이를 할 때 '타당하다'의 핵심 의미를 간추리기는 쉽지 않다. 필자는 '들어맞다'가 '타당하다'의 가장 쉽고 간결한 풀이라 생각하는데, 실제 용례를 살펴보면 '무엇에(어디에)' 잘 들어맞느냐가 맥락에 따라 다르다는 점이 발견된다.

'타당성'은 다양한 학문에서 사용되지만, 우선 철학에서는 '타당성'이 '누구나 인정할 수밖에 없는 참임'을 의미한다. '삼각형 내각의 합은 180도이다.'나 '물이 없으면 사람이 살 수 없다.'는 누구에게나 인정될 수 있다는 점에서 타당성이 있다. 사람에 따라 거짓이 될 수 있는 '식혜는 맛있다.'와는 구별된다. 이 타당성은 내용 측면의 진위를 따지는 타당성이다.

논리학에서의 타당성은 추론推論 절차의 올바름을 뜻한다. 즉, 그것은 추론을 구성하는 개별 명제들의 진위眞僞에 대한 것이 아닌, 추론의 '형식적' 올바름에 대한 개념이다.[3] '모든 사람은 죽는다.', '소크라테스는 사람이다.'라는 전제가 참이고 '소크라테스는 죽는다.'가 참이 될 때 이 추론은 타당하다. '모든 고양이가 난다면 내 고양이도 난다.'도 타당한 추론

이 평가표는 일반적인 준거를 활용하여 만들어 본 것이다. 평가표는 비판의 개별적 상황에 맞게 정교화되거나 수정되어야 할 것이다. 평가의 준거는 새로이 추가될 수 있고, 삭제·변경할 수도 있으며, 각 항목의 점검 내용(질문)도 상황에 맞게 새로 설정되는 것이 바람직하다.

그런데 굳이 평가표를 쓰지 말고 직관적으로 비판을 수행하는 것이 효율적이지 않을까? 평가 기준이 단순한 경우에는 평가표가 필요 없지만, 동시에 여러 가지를 고려해야 하는 상황에서는 평가표가 매우 유용하다. 직관적으로 신속하게 판단을 수행하는 전문가들은 암묵적인 평가 기준이 내재화되어 있는 것이지 아무런 기준 없이 판단을 하는 것은 아니다. 익숙하지 않은 상황에서 체계적인 비판이나 평가를 하고자 한다면 평가표가 유용할 수 있다.

평가표를 활용한다는 것은 비판적 질문을 다양한 각도에서 던질 수 있다는 뜻으로, 상당히 시간이 걸리는 일이다. 자전거를 처음 몰든, 자동차를 처음 운전하든 처음 하는 것에는 온 신경을 집중해서 하지만, 절차적 행동이 익숙해지면 의식하지 않고도 잘할 수 있다. 마찬가지로 말과 글로 이해하거나 표현하는 상황에서 상황에 맞는 평가표를 적용하여 비판하는 활동은 시행을 반복할수록 숙달 단계에 이르게 된다.

어느 날 필자는 어린이 공원 옆 그리 크지 않은 공공 화장실을 이용했다. 이 화장실은 요즘 공중 화장실들이 흔히 그렇듯 청결했다. 그런데 이 화장실의 입구 벽면에는 치밀하게 작성된 점검표가 붙어 있었다. 화장실의 구성 요소를 '대변기', '소변기', '세면기', '바닥', '조명', '손 건조기' 등으로 나눠 놓고, 각각의 요소에 점검 질문을 상세화해 놓았다. 그 질문들은 상황에 바로 적용할 수 있도록 간결하고 의미가 분명했다. '세면기'에 관해서는 "세면기에 때가 남아 있지 않은가?", '바닥'에 관해서는 "바닥에 물기가 남아 있지 않은가?"가 있는데, 이들은 가부를 분명히 판정할 수 있는 질문들이다. 당연하게 느껴졌던 화장실 청결의 비결이 이 점검표에 있었다.

비판적 질문으로 가득한 이 점검표도 일종의 비판을 위한 평가표이다. 비판 목적은 '화장실의 청결'이다. 비판을 통해 달성하고자 하는 목적이 분명하고 비판적 질문들은 그 목적에 충실하게 이바지하고 있다.

비단 공공 화장실뿐만이겠는가. 체계적인 방식으로 좋은 상황을 만들려는 거의 모든 사회적 삶의 영역에서 목표하는 가치들을 체계화해 놓은 '평가표'를 어렵지 않게 맞닥뜨릴 수 있다.

공중화장실 점검표[6]

□ 화장실명 : ○○○어린이공원
□ 관 리 처 : □□구 공원녹지과(02-***-****)

항목	점검 내용 (양호 ○, 보통 △, 불량 ×, 파손 ※)	점검란	비고
대변기 주변	물내림 장치는 정상인가		
	물이 원활하게 공급되는가		
	물이 잘 배수되는가		
	시트(변좌)에 이상이 없는가		
소변기 및 주변	소변기에 때가 남아 있지 않은가		
	물내림 장치와 센서는 정상인가		
	물이 원활하게 공급되고 배수되는가		
	소변기 접시는 파손되어 있지 않은가		
세면기 및 주변	세면기에 때가 남아 있지 않은가		
	수도꼭지 파손 및 누수가 없는가		
	세면기의 물이 잘 배수되는가		
	부속품, 액세서리의 파손, 고장은 없는가		
바닥 / 벽면	배수구의 물이 잘 빠지는가		
	배수구에 봉수가 채워져 있는가		
	바닥에 때 및 물기가 남아 있지 않은가		
	파손된 타일이 있는가		

(이하 생략)

점검자 :
확인자 : □□구 공원녹지과

66 비판적 사고의
동반자들

비판적 사고는 독립적으로 발생하지 않고 다른 사고와 연합하여 발생한다. 사실 확인 → 추론 → 비판 → 실행(창의)의 연속선상에서 존재한다는 점을 유의해야 한다. 비판을 하기에 주어진 사실만으로 충분하지 않다면 그 사실을 단서로 삼아 추론을 해야 하는 경우도 있다. 글에 드러나지 않은 필자의 의도나 글에 숨어 있는 사회적 이데올로기를 비판하고자 한다면 해당 '의도'나 '이데올로기'를 추론해 내어야 한다. 사실적 사고와 추론적 사고는 비판이 제대로 이루어지기 위해 전제되어야 할 사고 활동이다.

사실적 사고, 추론적 사고만 하고 비판적 사고를 하지 않으면 안 되는가? 안 된다. 사실적 사고만 하고 비판적 사고를 하지 않는다면, '곧이곧대로' 믿거나 말하게 된다. '곧이곧대로'는 종종 낭패스러운 상황을 암시하는 말이다. 사실을 바탕으로 '미루어' 사고하지 않는다면 어떻게 되는가? 불완전한 사실에 의존하게 되고 사실을 넓은 시야에서 보지 못하게 된다. 비판적 사고는 적절한 판단으로 대상을 잘 가려내는 것과 관련이 있다. 비판적인 듣기는 잘 **가려서 듣기**이고 비판적인 말하기는 잘 **가려서 말하기**인 것이다. 주어진 사실과 추론한 사실을 바탕으로 실행이나 결정을 하기에 앞서 비판이 적절하게 수행되어야 한다.

잘 가리는 비판적 사고는 많은 정보를 효과적으로 처리해야 하는 상황에서 빛을 발한다. 여러 편의 글이나 자료를 조사한 다음에 글을 써야 하는 상황에 있다고 해 보자. 이때 자신의 필요와 목적에 따라 글이나 자료에 대해 비판적 사고를 수행하게 된다. 조사한 자료들은 본인의 글쓰기 목적에 맞게 취사 선택되어야 하고, 적절히 형태를 바꾸어야 한다. 이러한 비판적이고도 주체적인 독서 과정이 국어 교육의 **주제 통합적 읽기**＊와 쓰기 활동에서 요구되고 있다. '주제 통합'이라는 것은 특정 수제나 화세를 중심으로 다양한 글이나 자료를 통합하여 읽는다는 의미로, 글이나 자료의 단순한 집적이 아니라 비판적인 취사선택으로 이해해야 한다. 2022 개정 교육과정의 『공통 국어』와 『독서와 작문』에서 '주제 통합'을 직접적으로 다룬 성취 기준을 제시하면 다음과 같다.

[10공국2-02-02] 동일한 화제의 글이나 자료라도 서로 다른 관점과 형식으로 표현됨을 이해하며 읽기 목적을 고려하여 글이나 자료를 주제 통합적으로 읽는다.

[12독작01-13] 다양한 글을 주제 통합적으로 읽고 학습의 목적과 교과의 특성을 고려하여 학습을 위한 글을 쓴다.

★ 주제 통합적 읽기

동일한 화제를 다룬 여러 글이나 자료를 비판적으로 읽고 자신의 관점에 따라 의미를 재구성하는 읽기이다. 여러 글이나 자료를 비교하거나 대조하며 읽으면서 독자는 화제와 관련된 쟁점에 대해서 이해를 높이고 자신이 설정한 화제나 목적에 따라 의미를 구성하고 표현할 수 있다. 주제 통합적 읽기는 무비판적인 수용의 읽기가 아니라 주체적인 선택과 판단과 구성이 작용하는 비판적 읽기에 해당한다.

이때의 비판적 사고는 새로운 것을 만들어 내는 '창의'적 사고의 핵심 원리가 된다. 비판적 수용과 자료 선택이 없으면 단순 복제는 가능할지언정 자신만의 창의적인 말하기와 글쓰기는 불가능해진다.

비판적 사고는 대상을 개

선하고 대안을 마련하는 데 기여하기도 한다. 비판적 사고를 통해서 발견되는 문제점을 고침으로써 대상은 새롭게 개선된다. 2022 교육 과정 『독서와 작문』 성취 기준에서는 다음과 같이 '고쳐 쓰기'에서 비판적 사고가 요구됨을 드러내고 있다.

> [12독작01-06] 자신의 글을 분석적·비판적 관점으로 읽고, 내용과 형식을 효과적으로 고쳐 쓴다.

고쳐 쓰기 활동은 비판의 가치를 잘 드러내는 활동이다. 한번 쓴 글은 다시 보고 싶지 않은 기분이 들 때도 많다. 하지만 시간대를 달리하여 본다든지, 다른 사람의 눈을 빌려서 본다든지 하면 자신의 글이 지닌 문제점이 발견된다. 철자법의 오류, 비문非文 같은 것들을 바로잡지 않으면 글의 가치는 크게 떨어진다. 고쳐 쓰기 활동은 반복적·회귀적으로 이루어질 수 있는데, 고쳐 쓰면 쓸수록 더 이해하기 쉽고 정확하고 좋은 글이 된다.

성과물의 질로 냉혹한 평가를 받는 분야라면 활발한 비판과 개선이 이루어지고 있다고 보아야 할 것이다. 시장에 상

품을 출시하는 회사, 새로운 작품의 공연을 앞둔 예술가들, 새
로운 기술을 선보이는 연구자들을 포함하여 많은 창작자들은
반복적이고 회귀적인 비판과 개선의 작업 과정으로 단련이
되어 있는 사람들이라고 할 수 있다.

66 ## 개인을 지키는 비판,
비판을 장려하는 사회

사람은 사회 안에서 살아가면서 다양한 영향을 받는다. 그 영향에는 좋은 영향도 있고 나쁜 영향도 있다. 좋은 영향은 수용하고 나쁜 영향은 멀리하여 잘 가리는 것도 넓은 의미의 비판적 사고에 들어간다. 우리 사회의 각종 법과 제도는 개인들을 보호해 주고 있지만, 개인의 안녕에 대한 위협을 모두 막아 주지는 못한다. 열 배의 수익을 내게 해 주겠다고 투자자를 유혹하는 사람, 고통 없이 불치병을 고쳐 주겠다고 하는 사람, 정신적 지도자와 특별한 관계를 맺어 주겠다고 하는 사람 등 다양한 상황에서 사람들은 돈, 건강, 사회적 관계를 위협받고 있다. 그리고 이러한 속임에 넘어가 큰 손실을 입는

사람이 적지 않다.

어느 시사 보도 프로그램에 따르면, 연기자가 의사의 흰 가운을 입고 건강 보조 식품의 효능을 선전하면 그 흰 가운의 마력에 속아 넘어가는 일이 비일비재하다고 한다.[7] 비판적 사고를 하는 시청자라면, 식품을 선전하는 흰 가운을 입은 사람의 신뢰성을 따져 볼 것이다. 그가 전문가인지, 전문가라도 해당 분야의 전문가인지를 살펴볼 것이다. 더 나아가서 식품 자체의 성분이나 효능에 대해서도 어느 정도 사실을 파악하고 이해한 후, 또는 먼저 구매해 본 사람들의 반응과 평가를 파악한 후 구매를 결정할 것이다.

자신을 지키기 위해 비판적 사고가 필요한 상황은 다양하다. 흰 가운을 입은 연기자를 해당 분야의 전문가로 신뢰하지 않는다면 공연히 지출될 수도 있는 금전을 아낄 수 있다. 권위 있는 수사 기관이 보낸 메시지라고 해서 링크를 함부로 누르지 않는다면 돈과 안전을 지킬 수 있다. 수사 기관에 권위를 느낄 수는 있지만, 그 링크의 발신자가 해당 수사 기관이라는 보장은 없다. 사이비 종교인이 나의 인생 문제를 정확히 진단하더라도 그 해법까지 맹신하지 않는다면 나의 인생을 지킬 수 있다. 문제의 진단이 옳다고 해서 해법이 반드시 옳다는 보장은 없다. 반대자의 문제점을 조목조목 바르게 지적하는 비판자를 전적으로 지지해야 하는 것도 아니다. 잘못을 지적하는 비판자 또한 오류가 있을 수 있다. 이렇듯 비판은 진실과 허위가 혼재된, 전쟁터와 같은 우리 사회에서 갑옷이나 방패와도 같은 중요한 생존 기술이다.

비판적 사고는 자기 발전의 중요한 수단이기도 하다. 시인 윤동주는 시 「별 헤는 밤」을 창작할 때 스스로도 많은 고심을 하고 후배의 비판을 수용하기도 했다. 후배에게 자신의 작품을 보아 달라고 한 것은 자신의 작품을 비판적 상황에 스스로 노출시킨 것이다. 이렇듯 자신의 성장과 발전을 위해서는 능동적으로 다양한 비판 상황에 스스로를 노출시킬 필요가 있다.

수업 시간에 모둠 토의나 전체 발표를 하면서 자신의 학습을 점검할 수 있고, 친구와의 대화나 토론에서 자신의 생각을 점검할 수 있다. 혼자 일기를 쓰며 자신의 삶을 돌아볼 수 있고, 각종 매체에 글을 기고하여 생각을 객관화할 수 있다. 악기 연주나 무용 공연을 통해서 자신의 기량을 점검하거나, 각종 대회에 참가하거나 출품하여 자신의 역량을 점검해 볼 수 있다. 자기 표현과 실행, 도전은 비판의 계기를 마련해 준다. 비판을 통해서 개인의 삶은 더 빌진된 방향으로 진전할 수 있다.

비판은 날이 잘 드는 칼과 같다. 잘 사용하면 자신을 지키고 잘못 사용하면 남과 자신 모두를 다치게 할 수 있다. 그래서 **비판과 비난의 구별**이 중요하다. 비판을 할 때에는 올바른 태도에 유의하고 상대방의 감정을 최대한 배려해야 한다. 2022 개정 국어과 교육 과정의 내용 요소 중에서 '바르고 고운 말로 표현하기', '바른 자세로 말하기', '말 차례 지키기', '예의를 지키며 듣고 말하기', '협력적으로 참여하기', '상호 존중하며 표현하기' '경청과 공감적 반응하기'(이상 말하기·듣기), '쓰기 윤리 준수', '독자를 고려하여 표현하기'(이상 쓰기) 등은 표현 과정에서 시시비비보다는 대화자 상호 간의 원만한 관계 유지에 가치를 두는 태도 관련 내용 항목이라 할 수 있다. 비판을 하는 사람은 다른 사람에 대해 감정적 비난을 하지 않도록 노력해야 한다.

그런데 현실 세계에서는 다른 사람에 대한 비난으로 판명 날 경우 형사적인 불이익을 받을 수도 있다. '사실 적시에 의한 명예 훼손', '허위 사실 적시에 의한 명예 훼손' 죄가 바로 그것이다. 특정인의 **명예 훼손** 가능성이 있다면 사실이든 허위 사실이든 문제가 된다는 것이다. 관련 법령을 살펴보자.

형법 제307조에 따르면, 공공연하게 사실이나 허위 사실을 드러내어 다른 사람의 명예를 훼손한 자는 처벌을 받을 수 있다. 오로지 공공의 이익에 관한 때에만 처벌하지 않는다 (310조).

정보통신망법 제70조에 따르면, 사람을 비방할 목적으로 정보통신망을 이용하여 공공연하게 사실이나 허위 사실을 드러내어 다른 사람의 명예를 훼손한 자는 처벌을 받을 수 있다. 인터넷의 파급력 때문에 인터넷상의 사실 유포는 처벌 강도가 더 높다.

형법 310조에서는 공익성을 위한 사실 적시라면 처벌 대상이 되지 않는다고 했지만, 공익성이 다툼 없이 입증되기가 쉬운 일이 아니다. 아래의 유죄 판결 사례들이 이를 잘 보여준다.

- 임금 체불을 당한 노동자가 임금 체불 사실을 피켓에 적어 행인들에게 알렸다고 해서 유죄판결 [대법원 2004. 10. 15, 선고 2004도3912]
- 노인회 회원이 노인회 간부가 다른 회원들에게 공개 석상에서 폭언과 폭행을 행사했다는 사실을 인터넷에 공유했다가 명예훼손 유죄판결을 받음. [대법원 2013. 3. 28, 선고 2012도11914][8]

이런 엄연한 법률적 제약 아래에서 비판을 해야 한다면, 온라인보다는 오프라인에서 하는 것이 좋고, 개인보다는 기관이나 조직을 대상으로 하는 것이 좋다. 개인의 사안이라면 개인을 따로 만나 문제를 제기하는 것이 좋다. 그리고 어떤 사실을 쓸 때 그것이 사실인지, 입증 가능한지 따져 보아야 한다. 공적인 비판을 할 때는 이런 까다로운 제약 조건을 따라야 한다. 공익을 위해 용기를 낸 사람이 현행 법규 때문에 오히려 불이익을 겪어서야 되겠는가.

비판적 사고는 사회의 번영과 발전을 위해 이바지하는 중요한 방법이다. 비판적 사고를 장려하기 위해 사회에 따라 제도를 장려하기도 한다. 가령, 조선 왕조에서는 간관諫官의 간언諫言을 보장하여 왕에 대한 비판적 의견 개진을 허용했고, 많은 현대의 민주주의 국가에서는 언론의 자유를 보장하여 권력의 독주를 감시, 견제하기도 한다. 학계에서는 학술 발표회나 논문 심사를 통해서 학문적 연구 성과에 대해 엄정한 논의를 하기도 한다.

하지만 비판적 사고를 가로막는 힘의 논리는 어느 시대 어느 사회에나 작용하고 있다. 앞서 확인했듯이, 1961년 케네디 대통령의 피그만 침공 실패 사건의 근본 원인은 이견을 용납하지 않는 분위기였다. 이러한 분위기를 집단 사고groupthink

로 규정한 재니스 I. Janis뿐 아니라 많은 사회 심리학자들은 개인이 다른 사람들의 영향을 받는다고 했다.[9]

개인에 대한 다른 사람들의 영향은 위협이나 명백한 불이익으로 이어질 수 있다. 갈릴레이 갈릴레오는 지동설을 부인하지 않을 경우 화형에 처해질 수 있었다. 일제 강점기에 태평양 전쟁을 찬양하지 않는 작가는 징용의 위협에 시달려야 했다.[10] 대학생들은 지도 교수의 생각을 따르지 않을 경우 성적에서 불이익을 겪을 수 있다고 믿기도 한다.

서울대생을 대상으로 한 설문 조사에서, "만약 내 의견이 교수님과 다른데, 내 의견이 더 맞는 것 같다. 그런데 그것을 시험이나 과제에 쓰면 A+를 맞을지 확신이 없다. 이런 경우에 어떻게 하겠는가?"라는 질문에 응답자 46명 중 41명은 "자신의 의견을 포기하겠다."라고 답했다. 이들은 노트 필기도 교수의 말을 최대한 그대로 옮겨 적는 방향으로 했다고 한다.[11] 다른 사람과의 관계에서 비롯하는 인센티브가 생명의 안전이건, 원만한 인간관계건, 금전적 이익이건, 성적이건 간에 사회적 영향력은 비판적 사고를 가로막는 강력한 장애물이다.

비판적 사고를 활성화하는 가장 좋은 방법은, 비판적 사고로 인한 손해는 줄이고 이익은 키우는 **보상 체계**의 설계이다. 미국에서 도드-프랭크 법에 의해 2010년 만들어진 '고발자 보호 및 보상 프로그램Whistleblower Program'에 따르면, 고발자는 피고발자가 내는 벌금의 10~30%를 포상금으로 지급받을 수 있다. 법 제정 후 2012년 도이치은행의 비리를 고발한 소속 중간 간부는 '천문학적'인 금액을 보상금으로 받았다고 한다.[12]

이와 달리, 공익 제보를 하고 나서 실직을 하거나 금전적 불이익을 받는 경우도 있다. 공동체의 발전을 위해 직언을 한 사람을 대상으로 '배신자', '색깔이 의심된다', '내부 총질'이라는 비난을 하는 경우도 있다. 우리 사회는 비판적 행위에 대한 보상과 처벌 중 어느 쪽으로 무게 중심이 기울어 있다고 생각하는가?

한 사회의 보상 체계는 하루아침에 형성된 것이 아니어서 사회의 성원들에게 깊게 각인되어 있다. 비판을 활성화시키려면 비판에 대해 보상을 강화하고, 비판의 불이익은 약화해야 한다. 생명 일반이 그렇듯이, 사람은 이익이 되는 것에 접근하고 불이익을 회피한다.[13] 사회 제도의 변화를 도모하지 않고 미래 세대에게 비판만 장려하는 것은, 안전 조치를 확보하지 않은 채 어린아이를 차들이 다니는 대로나 물이 깊은 냇가로 보내는 것과 같다. 비판을 활성화하고 장려하려면 그에 맞는 사회적 보상 체계를 세워 나가야 한다.

주註

Class 1. 왜 '비판'인가?

1 박석무(2003), 『다산 정약용 유배지에서 만나다』, 한길사, 181~184쪽.
2 서용순(2006), 「독일 관념 철학의 완성」, 『청소년을 위한 서양 철학사』, 두리미디어, 237쪽.

Class 2. 비판이란 무엇이며 왜 필요한가?

1 매튜 립맨 지음, 박진환·김혜숙 옮김(2005), 『고차적 사고력 교육』, 인간사랑, 86~88쪽에서 재구성.
2 매튜 립맨 지음, 박진환·김혜숙 옮김(2005), 위의 책, 86~88쪽에서 재구성.
3 박은진 외(2008), 『비판적 사고』, 아카넷, 21쪽.
4 서울대 국어교육연구소 편(1999), 『국어교육학사전』, 대교, 372쪽.
5 박은진 외(2008), 앞의 책, 21쪽.
6 오판진(2003), 「비판적 사고 교육의 내용 연구: 가면극 자료를 중심으로」, 『국어교육학연구』 16, 국어교육학회, 277쪽.
7 Liddell & Scott's (1968), *Greek-English lexicon*, Oxford Clarendon Press, pp.450~451.
8 김광수(2012), 『비판적 사고력』, 철학과현실사, 26쪽.
9 이진경(2016), 『파격의 고전』, 글항아리, 13~51쪽.

10   최홍원(2017), 『국어교육 사고에 답하다』, 역락, 90~94쪽.

11   매튜 립맨 지음, 박진환·김혜숙 옮김(2005), 앞의 책, 8쪽.

12   매튜 립맨 지음, 박진환·김혜숙 옮김(2005), 앞의 책, 267~295쪽.

13   존 E. 멕펙 지음, 박영환·김공하 옮김(2003), 『비판적 사고와 교육』, 배영사, 13
     ~14쪽.

14   R. Paul (1981), "Teaching Critical Thinking in the 'Strong sense': A focus on self
     -deception, world view and a dialectical mode of analysis", *Informal Logic*,
     vol.4, no.2, pp.2-7.

15   김대행(2000), 『문학교육 틀짜기』, 역락, 161쪽.

16   홍문표(2003), 『현대 문학 비평 이론』, 창조문학사, 31쪽.

17   신희천 외(2001), 『문학용어사전』, 청어, 257쪽.

18   황호덕 외 편(2012), 『한국어의 근대와 이중어사전』 2권, 박문사.

19   로버트 스콜즈 지음, 김상욱 옮김(1995), 『문학이론과 문학교육-텍스트의 위
     력』, 하우, 32쪽.

20   김봉순(2008), 「독서교육에서 비판의 성격과 지도내용」, 『독서연구』 19, 한국독
     서학회, 176쪽.

21   김혜련 외(2014), 「비평이라는 용어에 대한 반성적 고찰」, 『국어교육』 147, 한국
     어교육학회, 194쪽.

22   교육부(2022), 『(교육부 고시 제2022-33호 [별책5]) 국어과 교육과정』, 교육부, 6
     쪽.

23   알렉 피셔 지음, 최원배 옮김(2010), 『피셔의 비판적 사고』, 서광사, 28쪽.

24   토머스 S. 쿤 지음, 김명자·홍성욱 옮김(2013), 『과학혁명의 구조』, 까치, 129~
     183쪽.

25   Robert Sternberg, "Critical thinking: It's Nature, Measurement and
     improvement", In Frances R. Link (ed.) (1985), *Essays on the Intellect*, Alexandria,
     Va: ASCD, p.46.

26   Gerald M. Nosich(2001), *Learning to think things through : A guide to critical
     thinking across the curriculum*, Prentice Hall.

27   최홍원(2017), 앞의 책, 역락, 116쪽.

28   김영정(2005), 「고등사고능력의 7범주」, 『대한토목학회지』 53(6), 대한토목학
     회, 107쪽.

29　N. Nickerson, "Knowledge as design: Teaching thinking through content", In J. B. Baron & R. J. Sternberg (Eds) (1987), *Teaching thinking skills: Theory and practice*, W. H. Freemen and Co., p.66.

30　교육부(2015), 『(교육부 고시 제2015-74호 [별책5]) 국어과 교육과정』, 교육부, 3쪽.

31　Wikimedia Commons ⓒ User:Zleitzen. https://commons.wikimedia.org/wiki/File:BayofPigs.jpg

32　Wikimedia Commons ⓒ Robert L. Lawson. https://commons.wikimedia.org/wiki/File:A4D-2_Skyhawks_of_VA-34_in_flight_over_USS_Essex_(CVS-9)_during_the_Bay_of_Pigs_Invasion_in_April_1961.jpg

33　Wikimedia Commons ⓒ Miguel Vinas. https://commons.wikimedia.org/wiki/File:Brigadistas_capturados_na_Ba%C3%ADa_dos_Porcos_1961.jpg

34　EBS 지식프라임 제작팀(2009), 『지식 프라임』, 밀리언하우스, 174쪽.

35　Wikimedia Commons ⓒ Unknown author. https://commons.wikimedia.org/wiki/File:Space_Shuttle_Challenger_(04-04-1983).JPEG

36　Wikimedia Commons ⓒ Kennedy Space Center. https://commons.wikimedia.org/wiki/File:Challenger_explosion.jpg

Class 3. 무엇을 어떻게 비판할 것인가?

1　민현식 외(2018), 『고등 국어』, (주)신사고, 346쪽.

2　인용문 중 교육 과정 용어는 일반인도 이해하기 쉽도록 풀어 썼다.

3　'공공성' 개념에 관해서는 이와 유사한 개념역을 갖는 속성들과 함께 좀 더 면밀한 분석이 요구된다. '공공 언어'에서의 '공공성'은 소통성에 집중하여 '쉬운 언어 정책'과 결부되는 면이 있는 반면, 교육 과정 해설에서의 '공공성'은 더 포괄적인 개념을 제시하는 것으로 판단된다. 특히 '다양한 언어 실천 양상'에 주목하면서 갈등, 차별을 극복하고자 하는 국어 생활 태도를 강조하고 있어 '언어 감수성'과 '공공성'의 관계를 교육적으로 모색해 볼 수 있는 가능성이 높아졌음을 보여 준다.

4　언어 표현에 내재한 의도를 '비판'해 보는 경험은 언어학자 페어클러프가 개념

148

화한 '비판적 언어 인식'과 깊은 관련을 맺는다.

5 하홍규(2022), 「취향, 계급, 구별짓기, 그리고 혐오: 혐오 사회학을 위하여」, 『사회와이론』 41, 204쪽; 피에르 부르디외 지음, 최종철 옮김(2006), 『구별짓기 - 문화와 취향의 사회학』, 새물결.

6 https://www.korean.go.kr/front/imprv/refineView.do?mn_id=158&imprv_refine_seq=18533

7 '교육적 관점'에서 차별적 표현에 접근한 연구로 박혜경(2009), 「차별적 언어 표현에 대한 비판적 국어인식 교육 연구」(서울대학교 석사 학위 논문)가 있다. 이 연구는 차별적 언어 표현에 대한 비판적 국어 인식(critical language awareness) 교육의 목표로 '언어적 민감성 고양, 바람직한 언어 수행 태도의 형성'을 제시하고 있다는 점에서 제민경·박진희·박재현(2016), 앞의 논문(79~114쪽)과 깊은 관련을 맺는다.

8 제민경·박진희·박재현(2016), 앞의 논문(79~114쪽)에서는 다음과 같이 네 가지 가설을 설정하여 차별성의 인식에 대해 일원분산분석을 실시하였다.

   ① 차별 대상이 '남성'보다는 '여성'일 때 차별성의 인식이 높게 나타날 것이다.

   ② 차별 의미가 '긍정'보다는 '부정'적으로 드러날 때 차별성의 인식이 높게 나타날 것이다.

   ③ 차별 항목이 '신체'나 '외모', '성(性)'일 때 차별성의 인식이 높게 나타날 것이다.

   ④ 언어적 범주에서는 '대상의 명명 〉 대상의 수식 〉 대상의 배열' 순서로 차별성의 인식이 드러날 것이다.

9 제민경·박진희·박재현(2016), 「성차별적 표현에 대한 언어인식 교육 방향 탐색」, 『국어국문학』 175, 국어국문학회, 79~114쪽.

10 제민경·박진희·박재현(2016), 앞의 논문, 94쪽.

11 https://m.blog.naver.com/epilepsy-kr/223434924650

12 「'벙어리·절름발이'…장애인 혐오표현 "처벌은 쉽지 않아"」, KBS 뉴스, 2022. 4. 25.

13 민웅기 외(2024), 「대학입시와 관련한 청소년의 혐오표현 사용에 관한 연구」, 『사회과학연구』 63(1), 287쪽.

14 민웅기 외(2024), 위의 논문, 277~300쪽.

15 이 연구에서는 2023년 7월 3일부터 10월 3일까지 3개월간 커뮤니티 게시판의

모든 글을 크롤링하여 '2음절 이상'의 명사를 추출했다. 그중에서 대학 입시와 무관한 일반적인 욕설과 혐오 표현을 제외하여 빈도 분석을 진행했다.

16 김수아·김세은(2016), 「'좋아요'가 만드는 '싫어요'의 세계」, 『미디어, 젠더 & 문화』 31(2), 5~44쪽.

17 「커피가 나오셨습니다? '사물 존대'」, YTN 뉴스말모이, 2023. 6. 12. https://www.ytn.co.kr/replay/view.php?idx=49&key=202306120243561788

18 간접 높임의 범위는 국립국어원의 단골 질문이기도 하다. 다음 사례는 국립국어원 온라인 가나다 질문과 그 답변을 발췌한 것인데, 이 역시 명백한 기준을 제시하기보다는 학교에서 배운 내용을 기준으로 삼으라 답변하고 있다.

[질문] 주체 높임법 중 간접 높임은 선택의 문제인지, 필수적인 건지 궁금합니다. 예를 들어,
1. 선생님의 넥타이가 예쁘다.
2. 선생님의 넥타이가 예쁘시다.
1번과 2번은 둘 다 가능한 건가요? 아니면 2번만 옳고 1번은 잘못된 표현인가요?

[답변] 간접 높임 표현
안녕하십니까?
간접 높임 표현의 범주와 쓰임 등에 대하여 문법적 견해 차이가 있을 수 있어, 문의하신 바에 대하여 명백한 답변 기준을 드리기는 어렵습니다. 다만, 높여야 할 대상의 신체 부분, 성품, 심리, 소유물과 같이 주어와 밀접한 관계를 맺고 있는 대상을 통하여 주어를 간접적으로 높인다고 본다면 이를 간접 높임 표현으로 볼 수 있겠습니다. 학생이시라면 학교에서 배우신 내용을 기준으로 삼으시기 바랍니다.
(https://www.korean.go.kr/front/onlineQna/onlineQnaView.do?mn_id=216&qna_seq=285693)

19 신진주 기자, 「"주문하신 아메리카노 나오셨습니다"…부탁해요 고객님 ― 무례한 고객, 서비스 거부 움직임…"과잉 친절 자제해야"」, 미디어펜, 2015. 11. 9. https://mediapen.com/news/view/102257

20 〈알쓸신잡 시즌 1〉 6화. https://www.youtube.com/watch?v=RNmtN_teDE4

21   우리말의 높임 표현이 변화하고 있다는 관점에서 이러한 사례에 접근하기도 한다. 우리말에서 높임 표현은 전반적으로 예전에 비해 약화되는 현상을 보이고 있는데, 다른 표현들이 약화되는 반면 '-시-'가 하나의 대표적 표현으로 자리 잡아서 상대 높임의 역할까지 겸하는 경우가 있는 것이다. 이러한 관점에서 보면 "아메리카노 나오셨습니다."의 '-시-'도 이 말을 듣는 상대(고객)를 높이는 의도를 표현한 것으로 볼 수도 있다. 이에 대해서는 다음을 참고할 수 있다. 오현아(2014), 「선어말어미 '-시-'의 문법교육 내용 검토: '-시-'의 청자 높임 기능을 중심으로」, 『인문과학연구』 40, 강원대 인문과학연구소.

22   김은성(2013), 「비판적 언어인식과 국어교육」, 『국어교육학연구』 46, 국어교육학회, 144~145쪽.

23   권혜숙 인터뷰 전문기자, 「[인터뷰] 조병영 한양대 국어교육과 교수 — "문맹률 1%의 진실...한국 비판적 문해력은 낙제 수준"」, 『국민일보』, 2022. 9. 14. https://www.kmib.co.kr/article/view.asp?arcid=0017469112

24   김나영, 「미디어 리터러시 교육 관련 미국·프랑스 입법례」, 『최신 외국입법정보』 통권 173호, 2021-24호, 국회도서관, 2021. 9. 14. https://law.nanet.go.kr/foreignlaw/newForeignLawissue/newForeignLawissueView.do?cn=KLAW2021000026&pageNo=11&pageSize=10&countPerPage=10&commitCode=ascName=&ascCode=&nationName=&nationCode=&searchCon=&searchKey=&jsFunctionNm=search&searchGubun=ISSU&searchType=ISSU&searchTab=ALL&searchFromDate=&searchToDate=&displaysort=ISSUE_DATE_DESC&countPerPage=10&searchAction=0&displayAction=0&commitName=

25   비판적 문해력은 비판적 읽기를 통해 함양될 수 있다. 비판적 읽기는 '텍스트의 내용에 대한 타당성과 준거에 대한 신뢰성 판단 등 주어진 명제와 진술에 대한 평가와 함께 자신의 스키마를 조정해 나가는 과정'이다. 관련 내용은 김혜정(2001), 「비판적 읽기의 개념과 성격」, 『국어교육』 105, 한국어교육학회, 85쪽에서 확인할 수 있다.

26   주세형(2010), 「사실과 의견 구별하기의 국어과 전문성 탐색」, 『국어교육학연구』 37, 국어교육학회, 469쪽.

27   구본권 기자, 「챗지피티 충격 각계 확산..."AI 읽어낼 비판적 사고력 길러야"」, 『한겨레』, 2023. 4. 17. https://www.hani.co.kr/arti/economy/it/1088121.html

28   교육부(2018), 『(초등학교 3-4학년군) 국어 4-2나』, 미래엔, 260쪽.

29   장슬기 기자, 「전 세계 언론계는 기후위기를 어떻게 다룰까?」, 『미디어 오늘』, 2024. 9. 16. https://www.mediatoday.co.kr/news/articleView.html?idxno=320923

30   천경록(2014), 「사회적 독서와 비판적 문식성에 대한 고찰」, 『새국어교육』 101, 한국국어교육학회, 19쪽에서 재인용. 이 논문에서 인용한 번역서는 다음과 같다. Maureen McLaughlin & Glenn L. DeVoogd 지음, 이경화 외 옮김(2018), 『한 학기 한 권 읽기를 위한 다양한 관점으로 세상 읽기』, 미래엔.

31   김병건(2018), 「이주노동자의 표상에 대한 연구」, 『겨레어문학』 61, 280~281쪽.

32   본문의 내용은 2024년 4월 27일 자 『경향신문』 칼럼에 게재된 「[이진송의 아니 근데] tvN '선재 업고 튀어'…장애를 결함으로 만드는 '치유'라는 폭력」의 일부를 인용하고 필자가 첨언한 것임을 밝힌다.

33   영화 〈헤어질 결심〉에 대한 이동진 평론가의 한 줄 평. https://m.blog.naver.com/PostView.naver?blogId=lifeisntcool&logNo=222798719371&navType=by

34   김미혜(2005), 「생산적 사유로서의 문학비평과 문학교육 – 임화의 비평 텍스트를 중심으로」, 『국어교육연구』 15, 서울대학교 국어교육연구소, 271쪽.

35   이호재 기자, 「"문학비평 인기없는 이유는 주관적 독단 빠진 비평 난립 탓"」, 『동아일보』, 2024. 6. 25. https://www.donga.com/news/Culture/article/all/20240625/125597410/2

36   강주연·이광호·송민경(2022), 「텍스트 마이닝을 활용한 젊은 세대(아동, 청소년, 청년) 관련 언론 보도의 비판적 담론 분석: 1980-2019」, 『미래청소년학회지』 19(1), 미래를 여는 청소년학회, 127쪽.

37   최종환(2021), 「대통령 커뮤니케이션에 나타난 한국전쟁의 정치학: 텍스트 마이닝과 비판적 담론 분석을 중심으로(2003-2021)」, 『문화와정치』 8(4), 한양대학교 평화연구소, 73~113쪽.

38   박인기, 「팩트는 없다」, 『한국교육신문』, 2018. 9. 3. http://www.hangyo.com/news/article.html?no=86374

Class 4. 비판을 잘하려면 무엇이 필요한가?

1   주재한 기자, 「'절차적 하자' 때문에...법원, 학폭 사건 징계처분 무효 판결」, 『시

사저널e』, 2018. 12. 24.

2   김정아 기자, 「맘스터치, 부당이익금 반환 청구 2심서도 승소…"실체·절차적
    하자 없어"」, 『일요신문』, 2025. 8. 26.

3   네이버 지식백과의 '문학비평용어사전' 중 '타당성' 항목. https://terms.naver.
    com/entry.naver?cid=60657&docId=1530997&categoryId=60657

4   교육부(2022), 『(교육부 고시 제2022-33호 [별책5]) 국어과 교육과정』, 교육부. 인
    용문 중 교육 과정 용어는 일반인도 이해하기 쉽도록 풀어 썼다.

5   박제원(2022), 『학교 속 문해력 수업』, 한국교육방송공사, 287쪽. 여기에서는 전
    제와 결론으로 이루어진 논증이 타당하기 위한 조건을 이와 비슷하게 설명하고
    있다.

6   용산구 한마음어린이공원(남) 화장실의 '공중화장실 점검표'. 2024. 9. 29.

7   〈KBS 1 시사 기획 창: 500억, 한방에 속여, 먹다〉, 2024. 10. 1. https://vod.
    kbs.co.kr/index.html?source=episode&sname=vod&stype=vod&program_code=
    T2011-1097&program_id=PS-2024135542-01-000&broadcast_complete_yn=N
    &local_station_code=00&section_code=05&section_sub_code=06
    이 프로그램에서는 건강 보조 식품의 제조와 판매 과정에서의 사기 행각과 그에 속아
    넘어가는 사람들의 실태를 보도했다.

8   박경신(2018) 「공익을 위한 함정, '사실 적시 명예훼손'」, 『인권』, 2018. 3.

9   네이버 지식백과의 '심리학용어사전' 중 '사회 심리학' 항목. https://terms.
    naver.com/entry.naver?cid=41991&docId=2070194&categoryId=41991

10 이태준 지음, 임형택·민충환 편(1992), 『해방 전후』, 창작과비평사. 단편소설에
    서 주인공인 작가 현과 교류하는 김 직원 영감이 징용을 면하기 위해서라도 일
    제 당국에 협조할 것을 권하는 내용이 나온다.

11 이혜정(2014), 『서울대에서는 누가 A+를 받는가』, 다산지식하우스, 61~64쪽.

12 이관휘(2021), 「기업의 내부고발자에게 값비싼 보상을 아끼지 말자」, 『시사 IN』
    722호, 2021. 7. 29.

13 이인아(2022), 『기억하는 뇌, 망각하는 뇌』, 21세기북스, 21~30쪽. 이 책의 저자
    는 사람과 동물의 세계에서 생존하기 위한 첫 번째 법칙으로 '위험(위협)에서
    피하라', 두 번째 법칙으로 '이로운 것을 취하라'로 설명하고 있나.

참고 문헌

단행본

교육부(2015), 『(교육부 고시 제2015-74호 [별책 5]) 국어과 교육과정』, 교육부.

교육부(2018), 『(초등학교 3-4학년군) 국어 4-2나』, 미래엔, 260쪽.

교육부(2022), 『(교육부 고시 제2022-33호 [별책 5]) 국어과 교육과정』, 교육부.

김광수(2012), 『비판적 사고력』, 철학과현실사.

김대행(2000), 『문학교육 틀짜기』, 역락.

박석무(2003), 『다산 정약용, 유배지에서 만나다』, 한길사.

박은진 외(2008), 『비판적 사고』, 아카넷.

박제원(2022), 『학교 속 문해력 수업』, 한국교육방송공사.

서용순(2006), 『청소년을 위한 서양 철학사』, 두리미디어.

서울대 국어교육연구소 편(1999), 『국어교육학사전』, 대교.

신희천 외(2001), 『문학용어사전』, 청어.

이인아(2022), 『기억하는 뇌, 망각하는 뇌』, 21세기북스.

이진경(2016), 『파격의 고전』, 글항아리.

이태준, 임형택·민충환 공편(1992), 『해방 전후』, 창작과비평사.

이혜정(2014), 『서울대에서는 누가 A+를 받는가』, 다산지식하우스.

최홍원(2017), 『국어교육 사고에 담하다』, 역락.

홍문표(2003), 『현대 문학 비평 이론』, 창조문학사.

황현 지음, 허경진 옮김(2006), 『매천야록』, 서해문집.

황호덕 외 편(2012), 『한국어의 근대와 이중어사전』 2, 박문사.

EBS 지식프라임 제작팀(2009), 『지식 프라임』, 밀리언하우스.

로버트 스콜즈 지음, 김상욱 옮김(1995), 『문학이론과 문학교육-텍스트의 위력』, 하우.

리처드 폴 지음, 원만희 옮김(2008), 『왜 비판적으로 사고해야 하는가』, 궁리.

마키아벨리 지음, 강정인·김경희 옮김(2015), 『군주론』, 까치.

매튜 립맨 지음, 박진환·김혜숙 옮김(2005), 『고차적 사고력 교육』, 인간사랑.

알렉 피셔 지음, 최원배 옮김(2010), 『피셔의 비판적 사고』, 서광사.

존 E. 멕펙 지음, 박영환·김공하 옮김(2003), 『비판적 사고와 교육』, 배영사.

토머스 S. 쿤 지음, 김명자·홍성욱 옮김(2013), 『과학혁명의 구조』, 까치.

피에르 부르디외 지음, 최종철 옮김(2006), 『구별짓기 - 문화와 취향의 사회학』, 새물결.

Liddell & Scott's (1968), *Greek-English lexicon*, Oxford Clarendon Press.

Nosich, Gerald M. (2001), *Learning to think things through: A guide to critical thinking across the curriculum*, Prentice Hall.

Paul, Richard & Elder Lider (2001), *Critical Thinking: Tools for Taking Charge of your Learnig and Your Life*, Prentice Hall.

논문

강주연·이광호·송민경(2022), 「텍스트 마이닝을 활용한 젊은 세대(아동, 청소년, 청년) 관련 언론 보도의 비판적 담론 분석: 1980-2019」, 『미래청소년학회지』 19(1), 미래를 여는 청소년학회.

김규훈(2023), 「비판적 언어 연구와 국어교육: 쟁점과 전망」, 『국어교육연구』 52, 서울대학교 국어교육연구소.

김미혜(2005), 「생산적 사유로서의 문학비평과 문학교육 - 임화의 비평 텍스트를 중심으로」, 『국어교육연구』 15, 서울대학교 국어교육연구소, 267~292쪽.

김병건(2018), 「이주 노동자의 표상에 대한 연구」, 『겨레어문학』 61, 271~296쪽.

김봉순(2008), 「독서교육에서 비판의 성격과 지도내용」, 『독서연구』 19, 한국독서학회.

김수아·김세은(2016), 「'좋아요'가 만드는 '싫어요'의 세계」, 『미디어, 젠더 & 문화』 31(2), 5~44쪽.

김영정(2005), 「고등사고능력의 7범주」, 『대한토목학회지』 53(6), 대한토목학회.

김은성(2013), 「비판적 언어인식과 국어교육」, 『국어교육학연구』 46, 국어교육학회.

김혜련 외(2014), 「비평이라는 용어에 대한 반성적 고찰」, 『국어교육』 147, 한국어교육학회.

김혜정(2001), 「비판적 읽기의 개념과 성격」, 『국어교육』 105, 한국어교육학회, 59~88쪽.

민웅기·라유빈·김선아·김지희(2024), 「대학입시와 관련한 청소년의 혐오표현 사용에 관한 연구」, 『사회과학연구』 63(1), 277~300쪽.

박혜경(2009), 「차별적 언어 표현에 대한 비판적 국어인식 교육 연구」, 서울대학교 석사 학위 논문.

오판진(2003), 「비판적 사고 교육의 내용 연구: 가면극 자료를 중심으로」, 『국어교육학연구』 16, 국어교육학회.

오현아(2014), 「선어말어미 '-시-'의 문법교육 내용 검토: '-시-'의 청자 높임 기능을 중심으로」, 『인문과학연구』 40, 강원대 인문과학연구소.

제민경·박진희·박재현(2016), 「성차별적 표현에 대한 언어인식 교육 방향 탐색」, 『국어국문학』 175, 국어국문학회.

주세형(2010), 「사실과 의견 구별하기의 국어과 전문성 탐색」, 『국어교육학연구』 37, 국어교육학회, 469~497쪽.

천경록(2014), 「사회적 독서와 비판적 문식성에 대한 고찰」, 『새국어교육』 101, 한국국어교육학회.

최종환(2021), 「대통령 커뮤니케이션에 나타난 한국전쟁의 정치학: 텍스트 마이닝과 비판적 담론 분석을 중심으로(2003-2021)」, 『문화와정치』 8(4), 한양대학교 평화연구소.

하홍규(2022), 「취향, 계급, 구별짓기, 그리고 혐오: 혐오 사회학을 위하여」, 『사회와이론』 41, 199~230쪽.

Nickerson, N., "Knowledge as design: Teaching thinking through content", In J. B. Baron & R. J. Sternberg (Eds) (1987), *Teaching thinking skills: Theory and practice*, W. H. Freemen and Co.

Paul, R. (1981), "Teaching Critical Thinking in the 'Strong sense': A focus on self-deception, world view and a dialectical mode of analysis", Informal Logic Newsletter.

Sternberg, Robert, "Critical thinking: It's Nature, Measurement and improvement", In

Frances R. Link (ed.) (1985), *Essays on the Intellect*, Alexandria, Va: ASCD.

기타

김나영, 〈사실-의견 구별하기와 정보의 주관성·편향성 판별하기의 상관관계 그래프〉, 「미디어 리터러시 교육 관련 미국·프랑스 입법례」, 『최신 외국입법정보』 통권 173호, 2021-24호, 국회도서관, 2021. 9. 14. https://law.nanet.go.kr/foreignlaw/newForeignLawissue/newForeignLawissueView.do?cn=KLAW2021000026&pageNo=11&pageSize=10&countPerPage=10&commitCode=&ascName=&ascCode=&nationName=&nationCode=&searchCon=&searchKey=&jsFunctionNm=search&searchGubun=ISSU&searchType=ISSU&searchTab=ALL&searchFromDate=&searchToDate=&displaysort=ISSUE_DATE_DESC&countPerPage=10&searchAction=0&displayAction=0&commitName=

구본권 기자, 「챗지피티 충격 각계 확산…"AI 읽어낼 비판적 사고력 길러야"」, 『한겨레』, 2023. 4. 17. https://www.hani.co.kr/arti/economy/it/1088121.html

국립국어원 누리집 '다듬은 말' 게시판. https://www.korean.go.kr/front/imprv/refineView.do?mn_id=158&imprv_refine_seq=18533

권혜숙 인터뷰 전문기자, 「[인터뷰] 조병영 한양대 국어교육과 교수 ─ "문맹률 1%의 진실… 한국 비판적 문해력은 낙제 수준"」, 『국민일보』, 2022. 9. 14. https://www.kmib.co.kr/article/view.asp?arcid=0017469112

김정아 기자, 「맘스터치, 부당이익금 반환 청구 2심서도 승소…"실체·절차적 하자 없어"」, 『일요신문』, 2025. 8. 26.

네이버 지식백과의 '문학비평용어사전' 중 '타당성' 항목. https://terms.naver.com/타당성

네이버 지식백과의 '심리학용어사전' 중 '사회 심리학' 항목. https://terms.naver.com/사회심리학

박경신(2018), 「공익을 위한 함정, '사실 적시 명예훼손'」, 『인권』, 2018. 3.

박인기, 「팩트는 없다」, 『한국교육신문』, 2018. 9. 3.

신진주 기자, 「"주문하신 아메리카노 나오셨습니다"…부탁해요 고객님 ─ 무례한 고객, 서비스 거부 움직임…"과잉 친절 자제해야"」, 미디어펜, 2015. 11. 9. https://mediapen.com/news/view/102257

용산구 한마음어린이공원(남) 화장실 점검표(2024. 9. 29. 촬영).

이관휘(2021), 「기업의 내부고발자에게 값비싼 보상을 아끼지 말자」, 『시사 IN』 722

호, 2021. 7. 29.

이동진, 영화 〈헤어질 결심〉에 대한 한 줄 평. https://m.blog.naver.com/PostView.nave
r?blogId=lifeisntcool&logNo=222798719371&navType=by

이진송, 「[이진송의 아니 근데] tvN '선재 업고 튀어'…장애를 결함으로 만드는 '치유'
라는 폭력」, 『경향신문』, 2024. 4. 27. https://v.daum.net/v/20240427060000034

정병욱(1976), 「잊지 못할 윤동주의 일들」, 『나라사랑』 23, 외솔회.

주재한 기자, 「'절차적 하자' 때문에… 법원, 학폭 사건 징계처분 무효 판결」, 『시사저
널』, 2018. 12. 24.

한국뇌전증협회 블로그. https://m.blog.naver.com/epilepsy-kr/223434924650

「'벙어리·절름발이'…장애인 혐오표현 "처벌은 쉽지 않아"」, KBS 뉴스, 2022. 4. 25.
https://news.kbs.co.kr/news/pc/view/view.do?ncd=5448172

「커피가 나오셨습니다? '사물 존대'」, YTN 뉴스말모이, 2023. 6. 12. https://www.ytn.
co.kr/replay/view.php?idx=49&key=202306120243561788

〈KBS 1 시사 기획 창: 500억, 한 방에 속여, 먹다.〉, 2024. 10. 1. https://vod.kbs.co.kr/
index.html?source=episode&sname=vod&stype=vod&program_code=T2011-
1097&program_id=PS-2024135542-01-000&broadcast_complete_yn=N&local_
station_code=00&section_code=05&section_sub_code=06